RODRIGO RODRIGUES

PARIS, JE T'A

PARIS
PARIS

Conheça a cidade luz utilizando o metrô

SUMÁRIO

ÍNDICE TEMÁTICO 6

APRESENTAÇÃO 9

PARIS, JE T'AIME....................... 11

GUIA DO GUIA 15

ANVERS............................. 21
(BASÍLICA DE SACRÉ-COEUR, MONTMARTRE)

BASTILLE 24
(PRAÇA DA BASTILHA, OPÉRA BASTILLE, MUSEU VICTOR HUGO E PLACE DES VOSGES)

BLANCHE 27
(MOULING ROUGE, CAFÉ DES 2 MOULINS, MUSEU DO EROTISMO E STAR'S MUSIC)

CHAMPS-ÉLYSÉES-CLEMENCEAU 31
(GRAND PALAIS E PETIT PALAIS)

CHAUSSÉE D'ANTIN-LA FAYETTE 34
(GALERIES LAFAYETTE E PRINTEMPS)

CONCORDE 37
(PRAÇA DA CONCÓRDIA E LA GRANDE ROUE)

DENFERT-ROCHEREAU 40
(CATACUMBAS DE PARIS)

FRANKLIN D. ROOSEVELT ... 44
(CHAMPS-ÉLYSÉES, LIDO E ARCO DO TRIUNFO)

GARE D'AUSTERLITZ 47
(JARDIM DAS PLANTAS E CIDADE DA MODA E DO DESIGN)

GRANDS BOULEVARDS 50
(MUSEU GRÉVIN, PASSAGE JOUFFROY E HARD ROCK CAFE)

INVALIDES 53
(MUSEU DAS ARMAS E TUMBA DE NAPOLEÃO)

LUXEMBOURG 56
(JARDINS DE LUXEMBURGO)

MADELEINE 59
(IGREJA DE MADELEINE E OLYMPIA)

MARNE-LA-VALLÉE-CHESSY 63
(DISNEYLAND PARIS, WALT DISNEY STUDIOS E DISNEY VILLAGE)

MAUBERT-MUTUALITÉ 67
(PANTHEON, SORBONNE E QUARTIER LATIN)

ÍNDICE TEMÁTICO

TURISMO CLÁSSICO

ARCO DO TRIUNFO 44
BASÍLICA DE SACRÉ-COEUR 21, 38
CATEDRAL DE NOTRE-DAME 102, 105
GRAND E PETIT PALAIS 31
IGREJA DE LA MADELEINE 59
PALÁCIO DE VERSALHES 120
PANTHEON 67
TORRE EIFFEL 38, 106
TORRE MONTPARNASSE 70

PARQUES E JARDINS

CAMPO DE MARTE 109
☺ DISNEYLAND 63
☺ JARDIM DAS PLANTAS 47
☺ LUXEMBURGO 56
☺ PARQUE LA VILLETTE 89
TUILERIES 110

PRAÇAS

BASTILHA 24
CONCÓRDIA 37
REPÚBLICA 95
☺ VOSGES 24

RUAS FAMOSAS

BOULEVARD HAUSSMAN 35
CHAMPS-ÉLYSÉES 44
RUE DE RIVOLI 80
RUE LEPIC 28
RUE SAINT HONORÉ 80, 112

ESPORTE

PARC DES PRINCES 85
ROLAND GARROS 85
STADE DE FRANCE 99

MERCADOS E FEIRAS DE RUA

FEIRA DE ARTE MONTPARNASSE . 70

LIVRARIAS

FNAC 45, 121
SHAKESPEARE AND COMPANY 102, 104

MUSEUS E GALERIAS

D'ORSAY 110, 112
☺ GRÉVIN 50
INVALIDES 53, 55

MONTPARNASSE-BIENVENÜE 70
(TOUR MONTPARNASSE, MARCHÉ DE LA CRÉATION E CEMITÉRIO)

OPÉRA 73
(PALÁCIO GARNIER, CAFÉ DE LA PAIX E PARIS STORY – O FILME)

PALAIS ROYAL-MUSÉE DU LOUVRE 76
(MUSEU DO LOUVRE, COMÉDIE-FRANÇAISE E PALAIS ROYAL)

PÈRE-LACHAISE 81
(CEMITÉRIO PÈRE-LACHAISE)

PORTE D'AUTEUIL 85
(ROLAND GARROS, PARC DES PRINCES E STADE JEAN-BOUIN)

PORTE DE PANTIN 89
(PARC DE LA VILLETTE)

RAMBUTEAU 92
(CENTRE GEORGES POMPIDOU, LOJINHAS DE LEMBRANÇAS, RESTAURANTES)

RÉPUBLIQUE 95
(PRAÇA DA REPÚBLICA, TEATROS, CANAL SAINT-MARTIN)

SAINT-DENIS-PORTE DE PARIS 99
(STADE DE FRANCE)

SAINT-MICHEL 102
(CATEDRAL DE NOTRE-DAME E LIVRARIA SHAKESPEARE AND COMPANY)

TROCADÉRO 106
(TORRE EIFFEL, PRAÇA DO TROCADÉRO, CHAMPS DE MARS)

TUILERIES 110
(JARDIN DES TUILERIES, PLACE VENDOME, THE HÔTEL RITZ E MUSEU D'ORSAY)

VARENNE 113
(MUSÉE RODIN)

VAVIN 116
(LA COUPOLE, LA ROTONDE, LE RELAIS DE L'ENTRECÔTE)

VERSAILLES 120
(CHÂTEAU DE VERSAILLES E INTEGRAÇÃO METRÔ-RER)

OBRAS CONSULTADAS 125
AGRADECIMENTOS 127

LOUVRE 76, 80
RODIN 113

RESTAURANTES
CAFÉ DE LA PAIX 73
CAFÉ DES 2 MOULINS 27, 29
CAFÉ DI ROMA 45
CAFÉ RUC 80
CHEZ JENNY 97
FAVELA CHIC 98
HARD ROCK 50
LA COUPOLE 116
LA ROTONDE 116
LE CASTIGLIONE 111
LE DEUX MAGOTS 105
LE METRO 69
LE PACHYDERME 97
LE PRÉ AUX CLERCS 105
LE RELAIS DE L'ENTRECOTE 116
MADELEINE 7 62
PIZZA PINO 45, 97
PLANET HOLLYWOOD 66

COMPRAS
GALERIE DES ARCADES 45
H&M 36
LAFAYETTE 34, 71, 75
MONOPRIX 45
PASSAGE JOUFFROY 50
PRINTEMPS 34, 75

CINEMA
GAOUMONT 13
UGC MONTPARNASSE 119

CASAS DE ESPETÁCULOS
CRAZY HORSE 28
LIDO 44
MOULIN ROUGE 27, 30
OLYMPIA 59

☺ PROGRAMAS PARA LEVAR A GAROTADA.

APRESENTAÇÃO

Raí, ex-atleta, empresário e empreendedor social.

MINHA INCRÍVEL EXPERIÊNCIA EM PARIS COMEÇOU POR UM *parc*; mas não qualquer um, e sim o conhecido Parc des Princes – o Parque dos Príncipes.

Para mim, muito além de um nome charmoso, que tem como origem a região em que o rei e seus descendentes iam para descontrair, brincar e caçar no século XVIII, essa denominação representa o que pude perceber em muitas áreas da cidade: uma beleza real, à disposição do bem-estar público.

Paris é uma cidade-monumento, e sua linda e importante história está esculpida com uma sofisticação única e deslumbrante em seus muros, suas obras e seus palácios.

Os conceitos aparentemente contraditórios de sofisticação e acessibilidade fazem de Paris a combinação que garante o prazer e o privilégio de explorá-la. Em nenhum outro lugar do mundo você consegue visitar tantas belezas em tão pouco espaço, de tantas formas diferentes e em tão pouco tempo.

Todos os locais públicos, incluindo a prefeitura e palácios presidenciais, são abertos aos visitantes em pelo menos algum momento da semana ou do mês. Paris é isso: um imenso "Parque Real", onde todos podem se sentir príncipes e princesas pelo simples ato de desvendá-la e desfrutá-la, seja caminhando, seja de bicicleta, seja de metrô.

PARIS, JE T'AIME

NO FILME *DIPLOMACIA*, **DE 2014, DIRIGIDO POR VOLKER** Schlöndorff, o general alemão Dietrich Von Choltitz é convencido pelo cônsul-geral sueco, Raoul Nordling, a desistir do plano de destruir **Paris** para retardar o avanço das tropas aliadas. Um dos argumentos usados foi:

"Você quer ser o responsável por tirar das gerações futuras uma visão como essa?"

O diplomata, interpretado pelo ator francês André Dussollier, faz a pergunta de pé, na sacada de um dos quartos do Hôtel Le Meurice, com uma visão estonteante da cidade luz à sua frente. E é justamente a beleza da capital francesa que fará você se apaixonar à primeira vista.

Estive em Paris pela primeira vez na conexão de uma viagem a Londres. Peguei o Eurostar na estação King's Cross St. Pancras e duas horas depois estava em Gare du Nord, sem referência alguma, com apenas um guia comum debaixo do braço e a reserva feita num hotel em **République**, escolhido pela avaliação num site de viagens. Peguei um táxi, fiz o *check-in*, fui espiar pela janela do quarto e avistei um bistrô bem em frente, o **Café du Temple**. Eram quase oito da noite e a fome apertava. Desci, atravessei a rua, sentei-me, passei os olhos no menu e fui no óbvio pra não

11

errar: *l'entrecôte et frites*, o famoso bife com batata frita. Não achei dos melhores, mas lembrei-me da frase de um amigo meu: comida francesa até quando é ruim é boa. Voltei pro hotel, vi um filme e dormi de estômago forrado.

Na manhã seguinte, depois do café, começava de fato o meu primeiro dia em Paris. Sozinho. Sem conhecer ninguém na cidade. Dei uma folheada no meu Moleskine, onde havia feito um resumo e anotado os principais pontos turísticos, e resolvi começar o passeio pela **Champs-Élysées**. Na recepção do hotel, apanhei um mapinha do metrô e perguntei para a recepcionista como fazia pra chegar ao destino escolhido. Ela disse que por sorte eu já estava na linha certa, bastava descer na Franklin D. Roosevelt. De cara, estranhei uma estação francesa com nome de presidente americano, mas segui as dicas e em vinte minutos aterrissava na famosa avenida. Bem larga, do jeito que eu imaginava, e cheia de lojas bacanas.

Eu andava admirando a arquitetura, o comércio luxuoso e a paisagem em geral. De repente, percebi o **Arco do Triunfo** ao fundo. Apertei o passo e perdi um tempinho tentando descobrir como atravessar a rua, até me dar conta de que o acesso à praça onde fica o monumento é subterrâneo. Uma vez embaixo da obra napoleônica, descobri que era possível subir. Assim, encarei a interminável escada caracol e fiquei maravilhado com a vista. De uma das pontas, avistei a **Tour Eiffel** e pensei: oba, dá pra ir a pé! Desci e fui. Descobri na prática o que é uma miragem. Quanto mais eu andava, mais longe ela parecia estar.

Finalmente cheguei. Virar a esquina da praça do Trocadéro e ver a torre pela primeira vez é uma sensação indescritível, quase hipnótica. Marchei firme cortando o jardim, passei pelos quiosques de crepes sem dar muita bola e fui direto à fila. Queria subir o mais rápido possível. E em menos de meia hora eu já observava Paris lá do alto. Outra vista de encher os olhos. Eu ia de um lado ao outro da torre, tirava fotos sem parar, não queria mais descer. Só me animei a pegar o elevador de volta quando mirei um *bateaux mouche* no **rio Sena** e percebi que poderia continuar o passeio de barco. Homem ao mar! Ou quase isso.

Munido de tíquete e mapa, notei que várias atrações ficavam às margens do rio: **Louvre, Museu D'Orsay** e **Notre Dame**, para citar algumas das mais famosas. Saltei do barco perto das seis da tarde e quando finalmente entrei na catedral: era hora da missa e o coral começava a cantar. Se eu tivesse combinado com o corcunda, não daria tão certo.

Como o bilhete do *batobus* valia também para o dia seguinte, aproveitei que já escurecia e fiz o caminho inverso, agora desembarcando onde comecei o dia: na Champs-Élysées. Logo percebi uma aglomeração na frente do

cinema **Gaoumont**; era a pré-estreia de um filme do Denzel Washington, e o próprio estava por ali, tão perto que quase dei um *bonsoir*.

O estômago roncou – aquela andança toda tinha me dado fome. Vi um restaurante meio *italianado* do outro lado da avenida e atravessei. Fui recebido no Pizza Pino por um *maître* português gente boa, e, claro, devorei uma pizza daquelas com um ovo frito no meio saboreando cada pedacinho. *L'addition, s'il vous plaît!*

Conta paga, saí na boca da já conhecida estação Franklin D. Roosevelt. Mais vinte minutos e *voilà*, estava em République de novo.

Quando entrei no quarto e comecei a refletir sobre o primeiro dia em Paris, me toquei de uma coisa: a cidade se apresentou a mim sem que eu fizesse o menor esforço. Uma atração foi levando a outra naturalmente, num plano-sequência digno de Godard. A partir do segundo dia eu já me sentia íntimo da capital francesa, dos *boulevards*, dos bistrôs e das *pâtisseries*. Estava me achando o próprio personagem de Owen Wilson em *Meia-noite em Paris*, com a diferença de que eu não precisava ser transportado para outra época – estava no lugar certo e no momento exato. Mas é um outro filme que passou a resumir o meu sentimento pela cidade luz desde então: *Paris, je t'aime*.

13

GUIA DO GUIA

(Leia com atenção antes de começar a usar)

EU JÁ LI POR AÍ COISAS DESTE TIPO SOBRE O CENTENÁRIO metrô parisiense:

"Paris é linda, besteira conhecer a cidade por baixo da terra".

Besteira é achar que uma coisa exclui a outra. Você pode usar o metrô para as grandes distâncias e caminhar à vontade entre um monumento e outro, se quiser. A cidade se apresentará naturalmente, acredite. Aliás, não estranhe se, ao sair de uma estação, der de cara com outra diferente poucos metros depois. Paris tem bem menos quilômetros cobertos pelo metrô do que Londres, por exemplo, mas possui trinta estações a mais. Ao todo são trezentas.

Para conhecer a **Torre Eiffel**, você pode escolher entre duas delas: Trocadéro ou Bir-Hakeim; depende de onde estiver ou da visão que quer da "dama de ferro". Acha melhor pegar a **Champs-Élysées** do início? Desça na Champs-Élysées-Clemenceau. Prefere saltar no meio do burburinho e mais perto do **Arco do Triunfo**? Então é a Franklin D. Roosevelt. Quer ir direto ao Arco? A parada é Charles de Gaulle–Étoile. E por aí vai.

Você perceberá que no início de muitos capítulos eu indico minha estação preferida e cito opções no final do texto. O raciocínio é simples: quanto menos baldeação, melhor. Pessoalmente, acho mais prático descer mais longe e andar um pouquinho por cima da terra aproveitando a vista do que trocar de trens. A dica para agilizar o processo é baixar um aplicativo de celular como o Paris Metro, que vai calcular o trajeto e o tempo de percurso. Basta digitar os locais de partida e chegada. O aplicativo roda off-line numa boa, nem precisa de conexão. Para baixá-lo,

use o wi-fi do hotel ou de algum restaurante. Mas se preferir ficar on-line para poder postar as fotos da viagem em tempo real, sai mais em conta comprar um chip local do que habilitar o *roaming* internacional. A operadora Orange tem pacotes interessantes para quem fica até 15 dias na cidade luz, basta procurar uma loja e se informar.

O metrô em Paris é relativamente barato, não chega a dois euros por unidade. Para evitar filas e ter sempre um bilhete à mão, sugiro o carnê que vem com dez. Usou uma vez, já era. Mas só jogue fora quando chegar

ao destino, pois vira e mexe aparecem fiscais nas catracas de saída conferindo o histórico de viagem. Eu mesmo já fui parado uma vez. Mas cuidado para não ficar colecionando tíquetes usados e acabar misturando com os novos; a confusão na hora de passar a roleta gera filas desnecessárias e irrita os parisienses.

Além disso, mantenha-se atento às particularidades do "metropolitano" de Paris. Alguns trens mais antigos têm manivelas – a porta não abre automaticamente nas estações. Se ninguém entrar ou sair, trate de girar a dita-cuja para destravar as portas ou acabará tendo de descer na próxima parada. É comum os usuários entrarem com cachorros de todos os tipos e tamanhos. Músicos também passam o chapéu nos vagões, sonorizam o trajeto e são uma atração à parte. E não estranhe se algum sem-teto passar pedindo ajuda; alguns, inclusive, se abrigam nas estações durante a noite para fugir do frio das ruas. Por fim, fique de olho nos batedores de carteiras e não encare muito os outros passageiros para evitar constrangimentos desnecessários. Na melhor das hipóteses, é falta de educação.

Em Paris, costumo usar o metrô cerca de três ou quatro vezes por dia. Em geral, começo o passeio por ele, ando bastante pela cidade e, se resolvo mudar drasticamente de direção, volto para o trem. Sugestão: não deixe de gastar a sola do sapato: explorar a capital francesa é obrigação moral e cívica. Faça como Amelie Poulain (personagem do filme *O fabuloso destino de Amélie Poulain*) e circule à vontade; os destinos são fabulosos. Se as pernas cansarem, troque o metrô pelo uber ou mesmo por um táxi sem dor na consciência. Bolinha verde, vazio. Bolinha vermelha, ocupado. E nem é tão caro. *D'accord?*

PARIS, JE T'AIME

ANVERS

DESÇA AQUI PARA:
BASÍLICA DE SACRÉ-
-CŒUR e MONTMARTRE

linha 2

BASÍLICA DO SAGRADO CORAÇÃO – *SACRÉ-CŒUR*. A PRO-núncia com sotaque francês é: "sacrequé". Perto de outras igrejas de Paris, esta é relativamente nova – foi construída entre 1875 e 1914, mas a consagração só veio depois da Primeira Guerra Mundial. A basílica é simplesmente um dos monumentos mais visitados da França. Ela fica no topo de Montmartre – o "Monte dos Mártires" –, um dos bairros mais charmosos da cidade luz, e numa colina que oferece vista ideal para fotos. Outro ponto que chama atenção é a cor: a basílica é branca, pois foi construída com mármore travertino extraído da região de Seine-et-Marne, perto de Île-de-France.

A estação sugerida é **Anvers**, aberta em 1902. Você vai sair no Boulevard de Rochechouart e aí basta subir a movimentada Rue de Steinkerque para avistar a igreja. Mas pode fazer a subida com calma, olhando as vitrines. São muitas as lojinhas de lembranças de Paris no caminho.

21

Uma parada na **La Cure Gourmande** para comprar uma caixa de chocolates com figo ou degustar umas *madeleines* – são diversos os sabores do bolinho francês.

De frente para a basílica, vemos, à esquerda, o acesso do bondinho, o famoso Funicular. Acredite, é melhor gastar com o bilhete para subir em um minuto e meio do que encarar os 234 degraus até o topo do Butte Montmartre, por mais bonito que seja o caminho. Cerca de seis mil pessoas por dia usam o serviço operado pela RATP, o mesmo grupo responsável pelo metrô.

Aos pés da escadaria fica também o famoso carrossel, um dos cenários do cultuado filme *O fabuloso destino de Amelie Poulain*, de 2001.

Uma vez no topo da colina, saiba que a entrada é gratuita, mas a fila é grande. Ela abre a partir das nove da manhã, mas o horário de fechamento varia de acordo com a época do ano; o ideal é consultar o site oficial. Ao entrar, guarde a câmera, pois fotos do interior são proibidas. Filmar, então, nem pensar, só com autorização prévia. Perto da basílica, virando à esquerda na rua Saint-Éleuthère, temos a famosa **Place du Tertre**. Lá estão mais de cem artistas que expõem permanentemente suas pinturas, retratos e caricaturas. A praça é lotada de cafés e restaurantes – reza a lenda que o termo "bistrô" surgiu ali. Se não quiser errar, aposte no clássico *La Cremaillere 1900* e experimente o *penne au roquefort* com presunto cru. O crepe é uma boa pedida também.

Voltando à basílica: ela possui quatro cúpulas, sendo a mais alta com 83 metros, e seu formato é o de uma cruz grega. O teto central é decorado com o maior mosaico da França, que levou 22 anos para ser instalado. Os vitrais, colocados entre 1903 e 1920, foram destruídos durante bombardeios na Segunda Guerra Mundial e restaurados em 1946. Os parisienses implicam um pouco, acham que o estilo arquitetônico não combina com o jeitão gótico de outras igrejas da cidade. Mas os turistas a adoram.

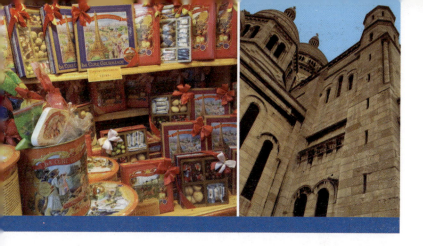

O mosaico acima do altar, *Cristo em glória*, foi inaugurado em 1923. Com 475 metros quadrados, é considerado um dos maiores do mundo. O acesso ao domo? Respire fundo: são trezentos degraus. A entrada é pelo exterior da basílica, ali do lado esquerdo. Do mesmo lado, mais embaixo, fica o caminho para a cripta. Dentro estão várias pequenas capelas e alguns memoriais, como o dos padres e seminaristas mortos durante as duas guerras mundiais. Tanto o acesso ao domo quanto à cripta são pagos, comprando os dois juntos fica mais barato.

O grande órgão – uma atração à parte – foi construído em 1898 para o barão Albert de l'Espée. O instrumento permaneceu guardado por dez anos em Biarritz, na costa francesa, e só foi parar na basílica em 1919. Ele tem quatro teclados e uma pedaleira com 78 pedais.

Abbesses, a estação que aparece em *O fabuloso destino de Amelie Poulain*, é outra opção em Montmartre. Mas saiba que as cenas foram na verdade rodadas na plataforma abandonada de uma outra estação: a Porte des Lilas. Se você é fã do filme, vale o retrato mesmo assim.

Soundtrack
A Paris – Yves Montand

Serviço
Sacré-Cœur
35 rue du Chevalier de la Barre,
75018 Paris
www.sacre-coeur-montmartre.com

BASTILLE

DESÇA AQUI PARA:
PRAÇA DA BASTILHA,
OPÉRA BASTILLE,
MUSEU VICTOR HUGO
e PLACE DES VOSGES

linhas

EM 14 DE JULHO DE 1789, A CASA CAIU. *LA MAISON EST TOMBÉE.*
Você já deve ter estudado a queda da Bastilha nos tempos de colégio. Pois bem, a famosa prisão ficava na praça onde hoje está o monumento conhecido como Coluna de Julho, inaugurado em 1835 para comemorar a queda de Charles X. A coluna é feita em bronze, pesa 74 toneladas e mede 47 metros. No alto repousa o *Génie de la Liberté*, obra do escultor francês Auguste Dumont.

A estação Bastille fica bem em frente à praça. Em tempo: se você vier pela linha 5, poderá ver o que sobrou da **Bastilha** de fato, onde o libertino autor marquês de Sade escreveu *Os 120 dias de Sodoma*. A linha 1 é de 1900, a 5 foi concluída em 1906 e, finalmente, a linha 8 começou a funcionar em 1931. Em 1989, como parte das comemorações do bicentenário da Revolução Francesa, foi inaugurada a outra grande atração: a **Opéra Bastille**, construída no local onde funcionava a antiga estação de trem Gare de la Bastille pelo arquiteto uruguaio Carlos Ott, escolhido em 1983 depois de um grande concurso que reuniu 1.300 participantes.

O moderno teatro envidraçado de quase três mil lugares é aberto a visitas, ou seja, você não precisa assistir a um espetáculo pra conhecer o espaço; o tour de uma hora e meia pelo *backstage* pode matar sua curiosidade. Acesso liberado aos *foyers*, auditório e salas de ensaio com as mesmas dimensões do palco.

No lado oposto à Opéra, seguindo pela Rue Saint-Antoine, basta virar à direita na Rue de Birague e sair em frente ao Hôtel de Sully. Do outro lado da passagem quase secreta está a **Place des Vosges**, a mais antiga e simétrica praça planejada de Paris, originalmente chamada de Place Royale,

pois foi construída por Henrique IV em 1612. Ao longo de seus quatrocentos anos de existência, teve moradores ilustres, como o escritor Victor Hugo. O museu, aliás, fica no número 6. São quatro andares ao todo, mas os apartamentos do autor de *Os miseráveis* estão no segundo piso.

O jardim da praça é um quadrado perfeito, cheio de estátuas, fontes e rodeado por um inconfundível condomínio de tijolos aparentes. Aproveitar um dia de sol pra sentar na grama e deixar o tempo passar é um típico programa parisiense, assim como eram os duelos de espada e torneios de cavaleiros travados ali. Todos os prédios são da mesma altura, com exceção dos Pavilhões do Rei e da Rainha, e tombados pela lei de proteção aos monumentos nacionais. Nos corredores arqueados no entorno fica um charmoso comércio cheio de galerias de arte contemporânea, lojinhas e restaurantes, como o **L'Ambroisie** e o **Ma Bologne**. O **Café Hugo** é bem aconchegante.

De volta à Bastilha, no 27 da Boulevard Beaumarchais está uma das lojas de instrumentos musicais mais conhecidas e tradicionais de Paris: **Paul Beuscher**, fundada em 1850. Tudo começou com o próprio Beuscher, que fabricava acordeões para serem vendidos nas redondezas da praça. A partir dos anos 1940, o *luthier* começa a lançar canções do naipe de *C'est si bon* e *La vie en rose* e vira referência no mercado. Já na década de 1960, com a forte entrada da música norte-americana na França, é aberta a temporada de importação de guitarras e contrabaixos elétricos; Beuscher vira o representante oficial da marca Gibson no país. Então segue uma lista de clientes famosos da loja: Prince, Brad Pitt, Sophie Marceau e Charles Aznavour. Ah, eu tenho um violão da marca também comprado lá, por sinal, bem barato e honesto.

Antes de voltar ao metrô, recomendo um café nos arredores da praça pra gastar aquelas moedinhas de troco que vivem tilintando nos bolsos. *Salut!*

Soundtrack
La Bastille – Chiara Mastroianni/Ludivine Sagnier

Serviço
Opéra Bastille
Place de la Bastille, 75012 Paris
www.operadeparis.fr

Maison Victor Hugo
6 Place des Vosges, 75004 Paris
www.maisonsvictorhugo.paris.fr

Paul Beuscher (loja de instrumentos)
27 Boulevard Beaumarchais, 75004 Paris
www.paul-beuscher.com

BLANCHE

DESÇA AQUI PARA:
MOULIN ROUGE, CAFÉ
DES 2 MOULINS,
MUSEU DO EROTISMO
STAR'S MUSIC

linha

VOULEZ-VOUS COUCHER AVEC MOI? COMO OUVIR A FRASE cantada pelo quarteto Christina Aguilera, Lil' Kim, Mya e Pink na regravação de *Lady Marmalade* sem se lembrar de **Moulin Rouge**? O filme de 2001, inspirado no cabaré inaugurado em 1889, já é um clássico do cinema musical. E a estação Blanche, aberta em 1902, vai te deixar bem em frente ao moinho vermelho mais famoso do mundo.

Sim, é passeio de turista. Mas muita gente não resiste ao tradicional show de cancã. Afinal, quem atiraria a primeira pedra nos gringos que chegam ao Rio querendo ver o show das mulatas no Plataforma? Se não por nada, o cabaré parisiense foi muito bem frequentado nos tempos da *Belle Époque*: o pintor Toulouse-Lautrec, assíduo na casa, passava as noites desenhando as dançarinas enquanto saboreava sua taça de absinto. É obra dele o pôster mais conhecido do cabaré: *Moulin Rouge: la Goulue*, de 1891.

Édith Piaf, que começava a despontar para o sucesso e vinha se apresentando em outros cabarés menores da região, aterrissou no palco do Moulin na primavera de 1944, onde, segundo histórias, se apaixonou por um novato cantor que abria suas apresentações: Yves Montand. Mas as dançarinas, com suas pernas grossas, eram mesmo as estrelas da casa. A lista é enorme: Mistinguett, Colette, La Goulue, Jane Avril. De 1978 a 1982, uma vedete brasileira foi a principal atração: Watusi, que cantava e dançava duas vezes por dia, sete dias por semana, e chegou a dividir o palco com Gene Kelly e Ginger Rogers.

Depois de tanta história, vamos às informações práticas. São diversas as possibilidades: o show *Féerie,* com direito a meia garrafa de champanhe, é o clássico. Mas tem show sem bebidas, com jantar, e por aí vai – basta escolher a opção que melhor cabe no seu bolso. São duas sessões por dia, uma às 21h e outra às 23h. Crianças a partir de seis anos têm acesso liberado; comparado ao concorrente Crazy Horse, o espetáculo é bem família. A dica é comprar direto pelo site oficial e imprimir o *voucher* no hotel.

O Moulin Rouge fica praticamente na esquina da Rue Lepic, porta de entrada para a **Montmartre Village**. E ali no número 15 fica uma cultuada locação de filme: o **Café des 2 Moulins**. Se você não ligou o nome à película, era ali que **Amélie Poulain** trabalhava como garçonete. Desde 2001, quando o longa foi lançado, o charmoso café é destino certo dos turistas fãs da sétima arte. O lugar é cheio de referências à personagem e a mesa perto do pôster é a mais cobiçada. No caminho do banheiro fica uma vitrine com objetos de cena usados nas filmagens.

A maioria dos curiosos entra, espia, tira fotos, pede um café e vai embora. A comida não é um destaque, mas já arrisquei um hambúrguer com fri-

tas e não me arrependi. A sobremesa mais pedida da casa é o *crème brûlée*, não por acaso, a preferida da personagem.

De volta ao Boulevard de Clichy, vale um passeio pela região. Quem mora ou conhece São Paulo em algum momento achará que está no "baixo Augusta", pela quantidade de *sex shops* diversos e enfileirados. Existe até um **Museu do Erotismo**, no número 72, com de cerca de duas mil peças no acervo: são esculturas, pinturas, fotografias e documentos históricos misturados a diversos brinquedinhos sexuais distribuídos por quatro andares.

No boulevard também fica a estação Pigalle do metrô, imortalizada na canção de Georges Ulmer. O bairro é famoso pela boemia, mas durante o dia é como outro qualquer. E o sonho dos músicos: do número 1 ao 11 fica uma das maiores lojas de instrumentos musicais de Paris, a **Star's Music**. Os preços são bem razoáveis se comparados aos do Brasil, fora que são nove lojas temáticas, separadas por categorias: violão e guitarra, bateria, teclados etc. Não perde nada para a antiga rua 48 em Nova York.

"Un p'tit jet d'eau, Un' station de métro, Entourée de bistrots, Pigalle"

"Um pequeno chafariz, Uma estação de metrô, Envolta por biroscas, Pigalle"

Soundtrack
Pigalle – Georges Ulmer

Serviço
Moulin Rouge
82, Boulevard de Clichy, 75018 Paris
www.moulinrouge.fr

Star's Music Paris
1-11 Boulevard de Clichy, 75009 Paris
www.stars-music.fr

Café des 2 Moulins 15 rue Lepic, 75018 Paris
Tel: 1 42 54 90 50

Museu do Erotismo
72 Boulevard de Clichy, 75018 Paris
www.musee-erotisme.com

DESÇA AQUI PARA:
GRAND PALAIS e
PETIT PALAIS

CHAMPS-ÉLYSÉES-CLEMENCEAU

linhas

NÃO SE DEIXE ENGANAR PELO "CHAMPS-ÉLYSÉES" NO NOME da estação, a parada mais indicada para a avenida mais famosa de Paris é mesmo a Franklin Roosevelt. Sim, a Champs-Élysées-Clemenceau o deixará numa rua perpendicular à avenida, porém longe do burburinho. Mas bem perto dos **Palais**, Grand e Petit.

Essa é uma das oito estações originais abertas em 19 de julho de 1900. Isso falando da linha 1, entre Porte de Vincennes e Porte Maillot. A linha 13 só começou a funcionar em 1975. O nome vem de uma das estátuas que celebram os líderes das duas grandes guerras, entre eles, o primeiro-ministro Georges Clemenceau.

O **Grand Palais**, construído para abrigar a famosa Exibição Universal de 1900,

foi declarado monumento histórico em 2000. A inconfundível cúpula de vidro, a maior da Europa, é cartão-postal da cidade, com aquela bandeirinha da França tremulando ao alto. Ao longo dos mais de cem anos, o espaço foi usado das mais diversas formas: centro de eventos, hospital militar durante a Primeira Guerra Mundial, depósito de veículos militares na Segunda Guerra Mundial, galeria de arte e até parque de diversões no período de festas, com direito a roda-gigante e carrossel. Por ano, cerca de dois milhões de visitantes passam pelo palácio nos mais de quarenta eventos agendados.

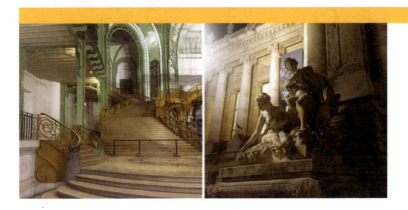

No filme *Camille Claudel*, de 1988, dirigido por Bruno Nuytten, o salão principal aparece recebendo uma exposição da artista, que, antes de se lançar em carreira solo, foi assistente de Auguste Rodin em várias esculturas famosas.

Além da entrada pelo salão principal, o *palais* tem outras duas: a da praça Jean Perrin leva às **Galeries Nationales du Grand Palais**, ou simplesmente Galerias Nacionais, inauguradas em 1964 para, como diz o nome, expor coleções provenientes de museus nacionais franceses. Na outra entrada, pela avenida Franklin Roosevelt, fica o Palais de la Découverte, um museu dedicado às ciências, desde 1937.

Já o **Petit Palais**, "pequeno palácio" em português, foi construído em frente, no mesmo ano e para o mesmo fim: servir à Exibição Universal de 1900. Este já nasce com a vocação de museu e é um dos 14 oficiais de Paris desde 2012. No acervo estão obras de Delacroix, Rodin, Maillol, Vuillard, Courbet e Toulouse-Lautrec.

A porta de entrada do palacete já impressiona. O hall, nem se fala: cheio de vitrais, esculturas, mosaicos no chão, tetos decorados, tudo muito bonito. O jardim vale o passeio, e o café, ao menos uma rápida visita. O espaço é dividido em basicamente 11 galerias permanentes nos dois pisos, incluindo

mostras que contam a história da mencionada Exposição Universal de 1889*
e da própria Champs-Élysées. Dê uma espiada no site oficial para checar as
exposições temporárias; há sempre mostras bem interessantes por ali.

Saindo do Petit, siga na avenida Winston Churchill e vá conhecer uma
das pontes mais bonitas de Paris, a **Alexandre III**. Assim como os *palais*, foi
construída em 1900 e dada de presente à França pelo tsar Alexandre III. É
possível notar que faz parte do mesmo projeto arquitetônico do conjunto
de palácios. Ela atravessa o Sena ligando a Champs-Élysées ao Invalides e
à Torre Eiffel. Foi palco da cena final do longa-metragem *Meia-noite em
Paris*, dirigido por Woody Allen, e também do clipe *Someone like you*, de
Adele – ao assistir ao passeio de Adele pela ponte, você visualizará bem os
pontos turísticos citados aqui; não deixe de conferir o clipe antes de visitar.

*Exposição Universal de 1889 foi o evento internacional que celebrou os avanços tecnológicos, a
diversidade das civilizações e marcava também o centenário da Revolução Francesa, com a inauguração daquele que se tornou o símbolo da capital francesa: a Torre Eiffel.

Soundtrack
Aux Champs Elysées – Joe Dassin

Serviço
Grand Palais
3 Avenue du Général Eisenhower, 75008 Paris
www.grandpalais.fr

Petit Palais (City of Paris Fine Art Museum)
Avenue Winston Churchill, 75008 Paris
www.petitpalais.paris.fr

33

> **DESÇA AQUI PARA:**
> GALERIES LAFAYETTE
> e PRINTEMPS

CHAUSSÉE D'ANTIN– LA FAYETTE

linhas

SE LONDRES TEM AS LOJAS HARRODS E A HARVEY NICHOLS disputando o mesmo pedaço, Paris não fica atrás com as rivais **Galeries Lafayette** e **Printemps**. Com perfis parecidos, no melhor estilo megalojas de departamentos, as duas se completam e oferecem oportunidades interessantes aos turistas que querem torrar seus euros. Mas antes de meter a mão no bolso, vamos ao metrô.

A estação Chaussée d'Antin-La Fayette começou a funcionar em novembro de 1910 e foi estendida em junho de 1923. Originalmente, chamava-se apenas Chaussée d'Antin – o La Fayette veio só em 1989 por causa da galeria. Aliás, a saída para as "grandes galerias" é bem sinalizada no metropolitano, basta seguir as placas e *voi-*

34

là. Mas fique atento para não fazer confusão na hora de entrar nas lojas, pois cada uma delas tem diferentes prédios divididos em moda, produtos de beleza e afins. Comecemos pela mais antiga de todas:

"Everything will be new, fresh and lovely there, worthy of the name Au Printemps", ou seja: "Lá tudo será novo, fresco e bonito, digno do nome: Primavera". A frase é de Jules Jaluzot, o empresário que fundou a **Printemps** em 1865. A ideia era criar uma loja que vendesse de tudo, uma novidade na época. Quase dez anos depois, em 1874, já recebia a primeira expansão. A

Printemps sofreu um incêndio, foi reconstruída em 1881 e, logo depois, em 1888, ganhou luz elétrica. Finalmente, em 1975, a fachada foi tombada e virou patrimônio histórico. Os entendidos dizem que esta é a mais sofisticada das duas, apesar da maior fama da Lafayette. O segundo andar então é luxo puro, até os provadores são mais refinados.

Não deixe de visitar o terraço panorâmico do nono andar, que oferece uma vista espetacular de Paris. O acesso é pela Beauty-Home Store. Além das centenas de marcas do quilate de Boucheron, Stella McCartney e Christian Louboutin, destaque também para a impressionante cúpula *art déco* da Brasserie inaugurada no sexto andar em 1923. Outras opções de restaurantes são: **Ladurée**, **Café Pouchkine**, **Cojean**, **Le Déli-cieux** e **Café Pouchkine**, os dois últimos no terraço.

A galeria vizinha, **Lafayette**, fica no mesmo Boulevard Haussmann. Foi inaugurada em 1895 pelos primos Théophile Bader e Alphonse Kahn e cresceu aos poucos até virar a gigante de hoje. O lema é:

"Ici, la mode vit plus fort": "Aqui, a moda vive mais forte."

Na unidade principal, são dez andares de moda e beleza. Mas preste atenção à sinalização nos corredores, pois o complexo tem mais duas lojas

nas redondezas: Lafayette Homme, com quatro andares de moda masculina, e a Lafayette Maison, com mais cinco pisos de artefatos para a casa, de caixa de ferramentas até tampa de vaso sanitário. Desde 2010 a marca vem se aventurando fora da França, com unidades em Berlim, Dubai e Pequim, para citar apenas três de suas locações.

Sim, a Lafayette também tem uma cúpula de vidro e aço e escadas no estilo *art nouveau* como a concorrente – tirar uma foto da fachada já é um clássico para quase todos os turistas. E, sim, também oferece opções gastronômicas. São mais de vinte possibilidades, desde **Le Pain Quotidien** até **Starbucks**. Nada tão sofisticado quanto a Printemps, a vantagem é a variedade, que inclui hambúrguer, peixe com batata frita e comida chinesa.

Tirando uma casquinha das tradicionais lojas francesas, está a sueca **H&M**. Famosa pelo preços em conta, ela é uma boa opção pra quem quer fazer compras no badalado bulevar e não pretende fazer estragos na carteira.

Soundtrack
C'est Si Bon – Eartha Kitt

Serviço
Printemps
64 Boulevard Haussmann, 75009 Paris
www.printemps.com

Galeries Lafayette Haussmann
40 Boulevard Haussmann, 75009 Paris
www.galerieslafayette.com

H&M (Hennes & Mauritz)
54 Boulevard Haussmann, 75009 Paris
www2.hm.com/fr_fr

CONCORDE

DESÇA AQUI PARA:
PRAÇA DA CONCÓRDIA
e LA GRANDE ROUE

linhas

POR SER A MAIOR PRAÇA DA CAPITAL FRANCESA E TAMBÉM uma das mais famosas, foi palco de acontecimentos que marcaram a história do país. A temida guilhotina ficava ali – das quase três mil cabeças que rolaram durante a Revolução Francesa, mais de mil foram em **Concorde**. Inclusive a mais famosa delas, de Maria Antonieta.

A estação é da primeira leva, foi aberta em 1900 e seguiu sendo ampliada até 1914. A decoração criada pela artista Françoise Schein no ramal da linha 12 é famosa: a Declaração dos Direitos do Homem e do Cidadão, de 1789, está nos azulejos das paredes. O famoso poema "In a Station of the Metro", de Ezra Pound, tem Concorde como inspiração. Dito isso, o metrô vai te deixar entre o **Jardin des Tuileries** e o início da **Champs-Élysées**, onde fica a praça.

Nos tempos da Revolução, o local já era de passagem obrigatória por conta de

cortejos, festas e reuniões. Na época da guilhotina, então, nem se fala. Hoje em dia os turistas é que batem o ponto, principalmente nas festas de final de ano, quando ali se instala uma roda-gigante desde a virada do milênio, em 2000. **La Grande Roue de Paris** é itinerante – literalmente já rodou por várias cidades do Mundo, de Amsterdã a Bangcoc. A volta leva cerca de 15 minutos e do alto de seus cem metros dá pra ver bem a **Torre Eiffel**, a **Basílica de Sacré Coeur**, o **Arco do Triunfo** e **La Défense**. Por temporada, trezentos mil passageiros embarcam nas 42 cabines; o passeio é pago.

O **Obelisco de Lúxor**, este sim, é fixo desde 1836. E antigo: presente do Egito à França, tem mais de três mil anos. Na verdade, o vice-rei Mehmet Ali ofereceu aos franceses os dois obeliscos que ficavam na entrada do Templo de Lúxor, mas só um deles fez a viagem. O monumento tem quase 23 metros de altura e pesa 227 toneladas. Só de base são nove metros. Ele é decorado com hieróglifos que contam as histórias dos faraós Ramsés II e Ramsés III e simboliza um raio de sol, em homenagem a Amon, deus do Sol.

A pirâmide que fica na ponta só foi acrescentada em 1998, feita de bronze e folheada a ouro. O local fica na linha do chamado "eixo histórico de Paris", que vai de um arco a outro, **do Triunfo** ao **de la Défense**, passando pelo **Jardin des Tuileries** e **Champs-Élysées**.

Voltando ao passado histórico da praça, o chamado "grande teatro sanguinário da revolução" começou em 1792, quando a temida guilhotina foi instalada pela primeira vez. Só com o fim do Terror, em 1795, que o governo decidiu rebatizar o local como **Praça da Concórdia**. No centro da praça, no chão mesmo, fica uma placa indicando o lugar exato da guilhotina com o nome das vítimas: Charlotte Corday, Manon Roland, Philippe d'Orléans, a condessa du Barry, Georges-Jacques Danton, Guillaume-Chrétien de Lamoignon de Malesherbes, Antoine Lavoisier e, claro, Maria Antonieta.

Além do Obelisco, a praça da Concórdia tem duas fontes que celebram as águas. À primeira vista elas parecem iguais, mas não são. Uma homenageia a navegação fluvial e, a outra, a navegação marítima (com figuras que representam o Mediterrâneo e a pesca).

Soundtrack
Et maintenant – Gilbert Bécaud

Serviço
La Grande Roue de Paris
Place de la Concorde, 75000 Paris
www.rouedeparis.com

39

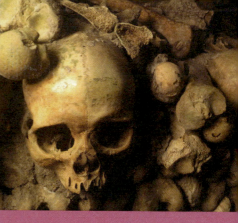

> **DESÇA AQUI PARA:**
> **CATACUMBAS DE PARIS**

DENFERT-ROCHEREAU

linhas

AQUI ENCONTREI UMA DAS MAIORES FILAS QUE JÁ VI EM PA-ris. Bateu a **Torre Eiffel**, o **Louvre** e o **Arco do Triunfo**. Tanto que costumo me passar por turista convencional ao visitar as principais atrações,

mas nesse dia precisei puxar a carteirinha de jornalista para não ficar a tarde toda esperando o acesso às polêmicas **Catacumbas**. Por isso o site oficial recomenda a visita a partir das 15h, porque no último horário as filas estão menores.

Sobre o passeio, uns acham de mau gosto, meio assustador. Outros, porém, adoram ver os esqueletos cuidadosamente empilhados. Talvez por isso o local seja tão interessante e sedutor – ele mexe com aquela curiosidade mórbida que todo ser humano guarda dentro do armário. Assim, feito os esqueletos.

A estação, aberta em 1906, homenageia Pierre Philippe Denfert-Rochereau, general que liderou a resistência francesa na guerra franco-prussiana. O metrô é conectado à linha RER B pela estação que leva o mesmo nome, inaugurada em 1846. Nas proximidades fica a praça de mesmo nome, Denfert-Rochereau, com o imponente Lion de Belfort bem no meio; não tem como errar. E a entrada para as catacumbas está localizada no lado ímpar da avenida du Colonel Henri Rol-Tanguy. Procure por uma porta verde, colada a um jardim.

Mas aí você me pergunta: como os restos mortais de quase seis milhões de pessoas foram parar vinte metros abaixo da terra? A organização do ossuário teve início em 1785, quando as ossadas vindas do **Cimetière des Saints-Innocents** (Cemitério dos Inocentes), que vinham causando problemas higiênicos à cidade por conta de exumações espontâneas, passaram a ser depositadas nos subterrâneos de Paris. Aos poucos, outras necrópoles começaram a enviar aos túneis ossos que remontavam ao período de ocupação romana na cidade. O sistema chega a quatrocentos quilômetros de extensão, mas só uma pequena parte é aberta ao público.

As visitas só foram liberadas em 1867, mas as catacumbas permaneceram fechadas por muito tempo, até 2005, quando foram reformadas e reabertas. Quem avisa amigo é: se você sofre de claustrofobia, pule o passeio. O acesso é por uma escada caracol de mão única, ou seja, começou a descer os 130 degraus, já era; não pode mais subir. Uma vez lá embaixo, prepare-se para um percurso de aproximadamente dois quilômetros, com temperatura a 14 graus, que leva cerca de 45 minutos por corredores com luz baixa e lotado de caveiras cuidadosamente empilhadas, com muitas passagens apertadas. Logo de cara, um aviso pouco animador:

"Arrete, c'est ici l'empire de La Mort": *"Pare, este é o império da morte."*

Em uma das lápides do trajeto está escrito assim:

"Em Memória de Philibert Aspairt, que se perdeu nestas galerias no dia 3 de novembro de 1793. Foi encontrado 11 anos depois e enterrado no mesmo lugar."

Isso é do tempo em que os curiosos se arriscavam por conta própria e acabavam não encontrando o caminho de volta. A polícia francesa vivia indo atrás de garotos perdidos pelos túneis.

Trate de ir ao banheiro antes, porque no subsolo não há. Saídas de emergência? Até existem, mas são utilizadas apenas em casos extremos, o que exclui crises de arrependimento do tipo: o que eu vim fazer aqui embaixo? Na pior das hipóteses, tente a sorte e procure um funcionário iden-

tificado entre um corredor e outro. Passado o susto inicial, procure admirar os esqueletos organizados por Héricart Thury, o antigo inspetor das pedreiras, e a "Cripta da Paixão", que funcionava como capela do ossuário. As esculturas feitas na pedra por um operário chamado Antoine Décure também impressionam.

Na saída, respire fundo e encare mais 83 degraus na subida da escadinha, também em forma de caracol. Uma vez do lado de fora, vem aquela sensação de alívio e estranheza, e a gente ainda precisa se localizar. Se tudo der certo, você vai estar na rua Remy Dumoncel, bem em frente à lojinha oficial da atração: **Comptoir des Catacombes**. Suvenir de caveira é o que não falta nas prateleiras: tem caneca, ímã de geladeira, bloquinho de anotações, chaveiro, isqueiro e até capa para celular. Bu!

Dica final: se as catacumbas não fossem realmente interessantes, ninguém teria escrito nada sobre o lugar. Umberto Eco (*O pêndulo de Foucault*), Victor Hugo (*Os miseráveis*) e Ernest Hemingway (*Paris é uma festa*) não me deixam mentir.

Soundtrack
Ne Me Quitte Pas – Jacques Brel

Serviço
Les Catacombes
1 Avenue du Colonel Henri-Rol-Tanguy,
75014 Paris
De terça a domingo, das 10h às 16h.
www.catacombes.paris.fr

-

43

FRANKLIN D. ROOSEVELT

DESÇA AQUI PARA: CHAMPS-ÉLYSÉES, LIDO e ARCO DO TRIUNFO

linhas

ANTES DE QUALQUER COISA, VEM A ESTRANHEZA: POR QUE A estação de metrô da principal avenida francesa leva o nome de um presidente norte-americano? O nome original, Marbeuf, durou até 1946, quando a então avenida que dá nome à estação, av. Victor-Emmanuel III foi rebatizada como **Franklin D. Roosevelt**. A explicação é simples: Victor-Emmanuel, rei da Itália, que foi aliado da França na Primeira Guerra Mundial – virou casaca na Segunda Guerra Mundial e tornou-se um adversário. Enquanto isso, o estadista norte-americano uniu suas forças ao exército francês para derrotar o nazismo. Daí a homenagem. *Ça va? (ok?)*

A primeira saída vai te deixar bem no meio da avenida, no burburinho total, então é sair e se jogar. Basta uma esticada

de pescoço para avistar o **Arco do Triunfo** marcando o final da rua. Mas, antes disso, vamos às compras! São quase dois quilômetros de lojas: **Benetton**, **Tiffany**, **Sephora**, **Tommy Hilfiger** e **Gap**, pra citar algumas. Sem falar em bancos, farmácias, casas de câmbio, cinemas e restaurantes, como **Pizza Pino** e **Café di Roma**. Tem mercado também, o **Monoprix**. E, claro, a **Fnac**. Esta é a segunda avenida mais cara da Europa, só perde para a Bond Street, em Londres. Não deixe de dar uma espiada na **Galerie des Arcades**, uma galeria cheia de lojinhas e cafés.

E no meio do caminho para o Arco, ali no número 78, fica a boate **Lido** – pronuncia-se *Lidô*. O cabaré, famoso pelos shows burlescos, foi aberto por dois irmãos italianos em 1946. O conceito de *dinner-show* – a apresentação de um espetáculo durante o jantar dos clientes; algo copiado em todo o mundo – foi criado ali com a ajuda do *showman* Pierre-Louis Guérin. É uma boa alternativa para quem não conseguir as disputadíssimas reservas no Moulin Rouge. Grandes nomes da música francesa e estrelas internacionais passaram por lá: Johnny Hallyday, Maurice Chevalier, Marlene Dietrich, Elton John, Shirley MacLaine e Édith Piaf. Falando, em La Môme Piaf (o pequeno passarinho), a estreia da cantora foi numa travessa da avenida, na Rue Pierre-Charron, onde ficava o Le Gerny.

Depois disso tudo, é provável que você chegue à praça Charles de Gaulle, onde fica o Arco, um pouco mais pobre. Mas guarde uns dez euros para o ingresso que dá acesso ao topo do monumento construído por Jean Chalgrin em comemoração às vitórias militares de Napoleão Bonaparte. Inaugurado em 1836, **Le Arc de Triomphe** tem gravados os nomes de 128 batalhas e 558 generais. A inspiração foi o Arco de Tito, de Roma. Na base fica o túmulo de um soldado desconhecido, colocado ali em 1920. A ideia de honrar um

soldado morto em combate surgiu durante a Primeira Guerra Mundial. A "chama da lembrança", adicionada ao túmulo em 1923, é acesa todos os dias por uma das mais de novecentas associações francesas de ex-combatentes.

Mas cuidado na hora de atravessar – é comum ver turistas tentando uma brecha e se arriscando no meio dos carros. Para ver o Arco de perto, utilize a passagem subterrânea, que é o acesso recomendado pela prefeitura de Paris. E sim, vale encarar a subida de cinquenta metros de altura: são 284 degraus em uma escada caracol em mão única. A descida, não estranhe, é pelo outro lado. Uma vez no terraço, aprecie a vista da Torre Eiffel, de La Defense e da colina onde ficam Montmartre e a basílica de Sacré Coeur.

Do alto dá pra ver bem a praça e suas 12 avenidas, que formam uma estrela, a *étoile*. É assim que os franceses se referem à Charles de Gaulle. O título da Copa do Mundo de 1998 foi comemorado ali, bem como muitos outros momentos importantes para o povo francês.

Para descer direto no Arco e começar o passeio no sentido contrário, a estação recomendada é Charles de Gaulle-Étoile.

Soundtrack
La vie en rose – Édith Piaf

Serviço
Arco do Triunfo
Praça Charles de Gaulle, 75008 Paris
www.paris-arc-de-triomphe.fr

Lido
116 Avenue des Champs-Élysées,
75008 Paris
www.lido.fr

DESÇA AQUI PARA:
JARDIM DAS PLANTAS e
CIDADE DA MODA E DO DESIGN

GARE D'AUSTERLITZ

linhas

QUANDO FUI AO *JARDIN DES PLANTES* PELA PRIMEIRA VEZ, usei o *batobus*. O sistema, um pouco diferente dos outros *bateaux* espalhados pelo Sena, funciona mais como transporte público do que apenas barco de passeio. Você pode descer em qualquer uma das nove estações ao longo do rio e depois pegar a embarcação de volta e continuar o trajeto. Sugiro o tíquete para dois dias, o *2 day pass*.

Mas se o leitor preferir usar o metrô, a parada é a histórica Gare d'Austerlitz. Aberta em 1840, ela leva o nome da mais importante batalha travada pelo exército francês sob o comando de Napoleão. A estação é daquele tipo que une metrô (desde 1931) e trem, recebendo ao todo cerca de trinta milhões de passageiros por ano.

Voltando ao **Jardim das Plantas** – o jardim botânico de Paris, ele é parte do

47

complexo que inclui ainda o **Museu Nacional de História Natural** e um **zoológico**. Seu nome original é "Jardim do Rei", e foi cultivado por Guy de La Brosse, médico de Luís XIII, como uma espécie de herbário de plantas medicinais. A proposta de transformá-lo num jardim botânico surgiu em 1693, quando o dr. Guy Crescent Fagon assumiu a direção. Outra grande expansão aconteceu em 1739, quando o conde de Buffon se tornou curador.

Não chega a ser um Jardim de Luxemburgo, mas é circuito certo para a caminhada matinal de muitos parisienses, até por estar às margens do rio

Sena. E as coleções de flores são sempre renovadas – há ali cerca de mil variedades de plantas cultivadas. Logo de cara, vindo pelo rio, você se depara com a impressionante esplanada Lamarck, talvez a paisagem mais identificada da atração, perfeita para fotos. O imponente prédio ao fundo é a "Grande Galeria da Evolução". Mas dentro do jardim há diversos jardins menores:

- O rosário, criado em 1990, que cultiva 170 diferentes subespécies de rosas.
- Três estufas, em forma de galpões metálicos dispostos ao longo do espaço: mexicana, de inverno e australiana. A terceira vive fechada, mas na mexicana estão os cactos, *euphorbias*, cafeeiros, mamoeiros e pimenteiros. Na de inverno são encontradas plantas como trepadeiras, fícus, palmeiras e bananeiras.

Dentro do complexo fica ainda um dos zoológicos mais antigos do mundo e o mais velho da Europa, criado em 1794: **La Ménagerie**. São mais de mil animais distribuídos por uma área de, aproximadamente, 50 mil metros

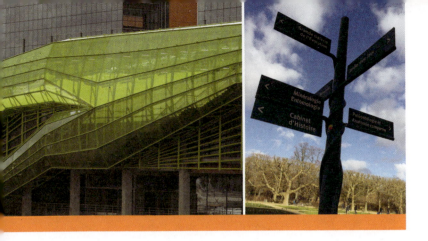

quadrados. As estrelas são os mamíferos, répteis e os pássaros, mas há também o microzoo: com outros répteis, anfíbios e insetos. Os animais de grande porte – elefantes, girafas, leões, tigres, gorilas e ursos foram transferidos para outros parques do gênero.

Depois de tanta coisa, pare em algum quiosque do jardim e peça um café. Descanse um pouco, abasteça sua garrafinha d'água e parta para outra locação interessante das redondezas, agora, fora do jardim: A Cidade da Moda e do Design.

Às margens do Sena, onde ficavam os antigos armazéns gerais no Quai d' Austerlitz, hoje se vê um prédio arrojado inaugurado em 2010, **Cité De La Mode Et Du Design**. Como diz o nome, é um centro de valorização da moda e do design. São 14.400 metros quadrados divididos em quatro níveis projetados pelo famoso escritório francês de arquitetura Jakob + MacFarlane. O local, também chamado Les Docks pelo público, abriga diversas exposições e um restaurante muito charmoso no terraço, Le Moonroof, com aquela vista panorâmica do Sena de encher os olhos.

Soundtrack
À quoi ça sert l'amour – Mireille Mathieu

Serviço
Jardim das Plantas
57 rue Cuvier, 75005 Paris
www.jardindesplantes.net

Cidade da Moda e do Design
34 Quai d'Austerlitz, 75013 Paris
www.citemodedesign.fr

49

GRANDS BOULEVARDS

DESÇA AQUI PARA:
MUSEU GRÉVIN,
PASSAGE JOUFFROY,
HARD ROCK CAFE

linhas

UM BULEVAR, POR DEFINIÇÃO, É AQUELA AVENIDA LARGA, com várias pistas, que vai cortando a cidade de um lado ao outro. Em Paris, essas avenidas meio que dão o tom ao lugar: por ali passa o conceito dos cafés com mesinhas na calçada, marca registrada da cultura parisiense. O barão Haussmann, responsável pela reconstrução da cidade no século XIX, assina a identidade visual dos bulevares que até hoje predomina na capital francesa.

A estação, através da linha 8, começou a funcionar em maio de 1931. A linha 9 surgiu dois anos depois, em 1933. Mas até 1998 ela era chamada de Rue Montmartre, o que acabava enganando os turistas. Por isso, o então prefeito, Jean Tiberi, resolveu matar dois coelhos com uma cajadada só: tirar o nome Montmartre e jogar os holofotes em cima dos principais *Boulevards*.

O pedaço é cheio de restaurantes e teatros, mas algumas atrações merecem destaque, como a **Passage Jouffroy**. As *passages couvert* (passagens cobertas) são verdadeiros clássicos da cidade luz. Essas galerias estão espalhadas pela capital desde o século XIX – a Jouffroy foi inaugurada em 1845. São 140 metros de lojinhas e restaurantes, como Le Valentin, famoso pelo café da manhã e pelo chá da tarde. La Cure Gourmande, recheada de chocolates, vale a visita. No centenário corredor fica também a saída do **Museu Grévin**.

O museu é uma versão francesa do Madame Tussauds. Sim, Tussauds nasceu na França, apesar de ter feito fama em Londres. Já Alfred Grévin foi um caricaturista parceiro do jornalista Arthur Meyer, fundador do espaço em 1882. Logo na entrada, um pedaço da história: a sala dos espelhos, inaugurada em 1900 para a Exposição Universal, ainda enche os olhos.

As estátuas de cera são tão interessantes quantas as do Madame Tussauds, com uma diferença: as celebridades internacionais dividem os holofotes com personalidades locais. Para cada Einstein, um Napoleão. Para cada Madonna, uma Piaf. E por aí vai. São cerca de 450 figuras espalhadas pelo espaço, divididas em seis seções, que cobrem da Revolução Francesa até a seleção de Zinedine Zidane. A criançada se diverte vendo de perto as estátuas do Pequeno Príncipe, do Homem-Aranha e, claro, do Obelix.

No mais, há o cativeiro de Luís XVI, Joana d'Arc na fogueira e muitas outras situações históricas. Além do teatro de bolso à moda italiana, com o cantor Charles Aznavour sentado na plateia e o ator Roberto Begnini (de *A vida é bela*) acenando no camarote. Um dos segredos de fabricação é que

os cabelos são naturais e implantados fio a fio. Além disso, alguns acessórios pertenceram realmente aos personagens, como a banheira autêntica de Marat (um dos ícones da Revolução Francesa) ou o cravo de Mozart.

Pertinho do museu está o **Hard Rock Cafe** de Paris. Acha absurdo comer num restaurante tipicamente americano em plena capital francesa? Besteira. O hambúrguer é ótimo, como nas outras unidades espalhadas pelo mundo, e o ambiente roqueiro sempre faz valer o passeio. O prédio tem tudo a ver com a arquitetura local e está totalmente inserido na paisagem. Fora que a lojinha é uma tentação e sempre tem alguma coisa em promoção.

E não deixe de explorar os bulevares. O pedaço é movimentado, com outras passagens cobertas, além da Jouffroy, e várias *pâtisseries* tentadoras. Se você é fã de doces, principalmente à base de Nutella, trate de provar o *galette*, uma espécie de empadão, vendido em fatias e recheado com o creme de avelãs.

Soundtrack
Les Grands boulevards – Yves Montand

Serviço
Museu Grévin
10 Boulevard Montmartre, 75009 Paris
www.grevin-paris.com/fr

Hard Rock Cafe
14 Boulevard Montmartre, 75009 Paris
www.hardrock.com/cafes/paris

Passage Jouffroy
10 Boulevard Montmartre, 75009 Paris
www.passagejouffroy.com

INVALIDES

DESÇA AQUI PARA: MUSEU DAS ARMAS e TUMBA DE NAPOLEÃO

linhas

DE VÁRIOS PONTOS DA CIDADE É POSSÍVEL AVISTAR A CÚPU-la dourada. Não tem erro, basta seguir na direção para dar de cara com o prédio construído sob a regência de Luís XIV, em 1670, o Hôtel National des Invalides. O francês usa a palavra "hotel" para construções históricas e palácios em geral, como é o caso aqui, mas na verdade você vai visitar o **Palácio dos Inválidos**. É só sair da estação inaugurada em 1913 e marchar até a praça; simples assim.

O prédio foi concebido como uma espécie de hospital para os veteranos de guerra, para prestar auxílio e assistência aos soldados inválidos do exército francês. Assim dizia o edital:

> "Aqueles que expuseram as suas vidas e derramaram o seu sangue pela defesa da monarquia, passem o resto dos seus dias em tranquilidade."

Acontece que a obra durou trinta anos, fato comum naqueles tempos. Só em 1706 o "Rei Sol" receberia as chaves do complexo com a seguinte configuração: uma igre-

53

ja, uma confecção de uniformes e tipografia, um asilo e um hospital militar. As oficinas foram rapidamente abandonadas e transformadas em leitos. Até hoje o "hotel" continua acolhendo os inválidos, mas é também uma espécie de necrópole militar que abriga ainda um museu com várias galerias – Musée de l'Armée, ou **Museu das Armas**. Os canhões da fachada dão o tom do equipamento exibido nas salas: saem as obras de arte e entram muitas facas, pistolas e uniformes, muitos uniformes. No pátio central, armamento pesado, que não caberia em salas comuns, está lá desde 1871. Vamos às galerias:

- Departamento antigo: a maior coleção de armaduras da Europa, usadas entre os séculos XIII e XVII, está aqui. Há também artefatos pertencentes às culturas otomana, persa, mongol, chinesa, japonesa e indonésia, bem como do período medieval.

- Departamento moderno: vai de Luís IV a Napoleão III, cobrindo o período entre 1643 e 1870. A Revolução Francesa, claro, domina a seção: aqui podem ser vistos muitos utensílios que pertenceram a Bonaparte.

- Departamento contemporâneo: talvez seja a área mais procurada do museu. No período que vai de 1871 até 1945, tem-se uma linha do tempo que mostra em detalhes as duas guerras mundiais. Tem bandeira, uniforme, arma, capacete, bomba, áudios, vídeos, fotos e destaque para as grandes batalhas, como a da Normandia, por exemplo. Vitrines mostram equipamentos das forças aliadas e da Alemanha nazista; é de arrepiar.

Mas a seção mais visitada é outra: dentro da Capela Real, inaugurada em 1706, repousa o líder político e militar **Napoleão Bonaparte**. O Im-

perador dos Franceses foi cremado ainda em 1821, mas as cinzas só foram depositadas onde estão até hoje em 1861, quando a tumba ficou pronta; o exaustivo trabalho de escavação que criou o espaço para o monumento levou quase vinte anos. Feita em quartzo avermelhado, a gigantesca urna fica sobre uma base de granito verde cercada por uma espécie de coroa com inscrições de suas grandes vitórias. Se a tumba vista de cima já impressiona, experimente descer as escadas atrás do altar para ver de perto. E não deixe de reparar no domo, tão bonito por dentro quanto por fora. A obra atendeu ao desejo do grande general, de repousar "quase às margens do Sena".

Olhando para o alto, vemos a extraordinária pintura na parte interna da cúpula assinada pelo artista Charles de la Fosse, em 1692 – São Luís, representando Luís XIV, oferece a espada a Cristo.

Depois de tudo, passe na lojinha. Bonaparte virou ícone pop. Sim, réplicas do famoso chapéu estão à venda, junto com toda sorte de lembrancinhas napoleônicas. "Do sublime ao ridículo, só um passo é necessário", diria o próprio.

Soundtrack
Ma liberté – Georges Moustaki

Serviço
Hôtel National des Invalides
129 rue de Grenelle, 75007 Paris
www.musee-armee.fr

LUXEMBOURG

DESÇA AQUI PARA: JARDINS DE LUXEMBURGO

linha

JARDIM DE LUXEMBURGO. SEDE DO SENADO. MAIOR PAR-
que público de Paris. Tem museu, *playground* pra criançada, quadras de tênis e basquete, restaurante. Ou seja, motivos não faltam pra você visitar a antiga casa da Rainha-Mãe da França, Maria de Médici.

Corria o ano de 1611 quando a viúva de Henrique IV cansou de morar no Louvre e decidiu construir um grandioso palácio, mas a obra era tão complexa que só em 1625 a regente conseguiu se mudar. Maria Antonieta e Napoleão também moraram ali. A construção foi passando de mão em mão até que, em 1791, foi declarada patrimônio nacional. Até prisão o espaço abrigou: era tanta gente detida na época que não teve jeito, sobrou pra Luxemburgo.

Feita a introdução, vamos à estação: Luxembourg, é claro. Mas você vai precisar sair um pouco do metrô convencional para chegar ao jardim. O acesso se dá pelo

RER (Réseau Express Régional, a Rede Expressa Regional), sistema com cinco linhas expressas de trem que conectam o centro de Paris aos subúrbios mais próximos. Basta descer em Gare Du Nord, por exemplo, seguir a sinalização e pegar: RER B, *voile 42*. Três estações depois e *voilà*, Jardim de Luxemburgo!

A saída do metrô vai te deixar na Place Edmond Rostand, bem em frente a uma das entradas do parque. Uma vez no jardim, basta resolver o que quer fazer primeiro. Após ter dado uma volta e sentido a atmosfera

do lugar, uma boa pedida pode ser o **museu**. Desde 1750 o palácio recebeu pinturas – foi o primeiro museu francês do gênero –, mas o prédio atual só foi erguido em 1884 como um anexo da Orangerie, espaço que abriga em torno de 180 plantas, como laranjeiras, palmeiras, romãzeiras e loureiros. As exposições do museu são temporárias e pagas – a entrada custa cerca de 12 euros.

Quem não quiser gastar, pode explorar bem o jardim, que é praticamente um museu a céu aberto: são dezenas de **esculturas** espalhadas pelos 23 hectares de terra. Entre as mais famosas estão a miniatura da Estátua da Liberdade, o Fauno Dançante e a Fonte de Médicis, encomendada pela própria rainha em 1630.

Se o passeio for em família, a garotada vai curtir o parquinho. Napoleão costumava chamar o lugar de "parque das crianças". O **carrossel**, projetado pelo mesmo arquiteto da Opéra de Paris, em 1879, é um sucesso. Fora isso, tem balanço, trepa-trepa, escorregador e teatro de marionetes em determinados dias da semana. Dá até para passear montado num pônei pelo jardim. Há também quadras de tênis, mesas de xadrez e uma quadra de basquete. Perto do lago octogonal, o visitante pode alugar um barquinho e disputar espaço com a população local: patos e gansos.

O **palácio** propriamente dito não é aberto à visitação. Até porque, conforme escrevi lá no início, é a sede do Senado. A saber: são 450 mil livros na biblioteca; mais de trezentos senadores na câmara, que pode receber até quinhentos espectadores; uma sala de imprensa multimídia; bustos de políticos famosos; e sala de conferência. Não à toa, os alemães tomaram o prédio durante a Segunda Guerra Mundial.

Depois de tanta atividade, a sugestão é parar em algum dos muitos quiosques espalhados pelo jardim e encerrar o passeio saboreando um legítimo crepe francês.

Soundtrack
Chez Laurette – Michel Delpech

Serviço
Le Jardin du Luxembourg
Rue de Vaugirard, 75006 Paris
www.senat.fr/visite/jardin

MADELEINE

DESÇA AQUI PARA:
IGREJA DE MADELEINE
OLYMPIA

linhas

L'ÉGLISE DE LA MADELEINE. IGREJA DE MADALENA. OU, COMO os franceses chamam, simplesmente **Madeleine**. Nem parece uma igreja. Tem jeito de templo grego. Muitos, desavisados, acham que chegaram ao Pantheon. A construção começou ali por volta de 1764 e foi trocando de mãos até ter as obras suspensas em 1790, quando parou por conta da Revolução Francesa até 1805. No ano seguinte, a pedido de Napoleão, foi transformada num templo em homenagem ao Grande Exército, função que desempenhou até o Arco do Triunfo ficar pronto.

Chopin, o compositor polonês radicado na França, recebeu as últimas homenagens ali em 1849. E ao som do *Réquiem* de Mozart, cantado por um coral de vozes femininas, o que não era permitido até então. Dom Pedro II, exilado na França desde a Proclamação da República no Brasil, foi velado na igreja de Madalena em 9 de dezembro de 1891, e seu funeral, em ter-

mos de comoção, foi comparado ao de Victor Hugo. O imperador brasileiro era morador do hotel Bedford, que existe até hoje e fica a menos de cinco minutos da estação.

O metrô te deixará bem na praça que leva o nome da igreja. A estação Madeleine é de 1910. Antes ou depois de visitar o templo, não deixe de dar uma volta pela praça, pois um comércio muito bacana te aguarda no entorno, contando, inclusive, com as guloseimas da **Fauchon**, os produtos de beleza da **Sephora** e os artigos esportivos da gigante **Decathlon**.

Nas redondezas também ficam um simpático hotel, alguns bistrôs e, desde 2007, a **Pinacoteca de Paris**, com exposições temporárias de artistas famosos.

Saindo da praça, siga pelo Boulevard de la Madeleine e pergunte pelo número 28 da Boulevard des Capucines, onde funciona a casa de espetáculos mais antiga de Paris: **L'Olympia** – pronuncia-se *L'Olympiá*. Ali a cantora Édith Piaf fez apresentações históricas entre 1955 e 1962. Pouco antes da famosa invasão norte-americana de 1964, os Beatles subiram ao palco vinte vezes em vinte dias. Foi na temporada francesa que os garotos de Liverpool ficaram sabendo que *I wanna hold your hand* chegara ao topo das paradas nos Estados Unidos.

Fundada em 1888 por Joseph Oller, o mesmo criador do Moulin Rouge, a casa primeiro se chamou Montagnes Russes. Foi rebatizada em 1893, quando recebeu o painel vermelho com letras brancas garrafais ostentado até hoje. Antes de ganhar ares de templo da música, recebeu balés, operetas e serviu até como cinema. Só pelas mãos de Bruno Coquatrix, a partir de 1954, o Olympia assumiu de vez a vocação de grande casa de shows. Por ali

desfilaram importantes nomes da música francesa além de Piaf, que era *habitué*: Charles Aznavour, Gilbert Bécaud, Yves Montand, Johnny Hallyday, Mireille Mathieu e Michel Delpech.

O filme sobre o artista Cloco (*My way – o mito além da música*), de 2012, nos dá uma ideia do que significa para um artista francês se apresentar no Olympia. Claude François, interpretado pelo belga Jérémie Renier, não sossega até conseguir uma data na *maison*. Cloco, como era chamado pelos fãs, é autor do sucesso *Comme d'habitude*, imortalizado por Frank Sinatra como *My way*. Sim, a música em inglês é uma versão de Paul Anka feita em 1969 da original francesa. Assista ao longa e descubra a história completa.

61

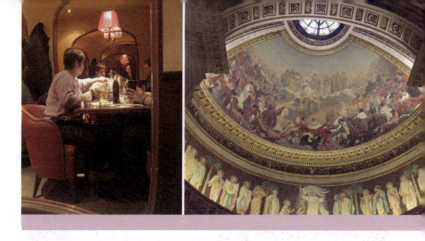

A lista de estrelas internacionais, além de John, Paul, George e Ringo, também é das mais incríveis: Judy Garland, Miles Davis, Tina Turner, Madonna, Ray Charles, Björk, Cindy Lauper, The Jackson 5, Liza Minnelli, Celine Dion, Cher, Diana Ross & The Supremes, Black Sabbath e Rolling Stones. Representando o Brasil, estão Jorge Benjor (na época ainda Ben), Maysa, Elis Regina e, mais recentemente, Michel Teló.

Ao passar pela cidade luz, não custa nada dar uma espiada no site oficial da *maison* e descobrir o que está em cartaz. Ver de perto o famoso interior vermelho e assistir a um show ao vivo no *music hall* é bom para o currículo.

Se a fome apertar depois do passeio, sugiro uma parada no **Madeleine 7**, restaurante no Boulevard de la Madeleine número 7, claro. Típico cardápio de bistrô, vá de *boeuf bourguignon, pommes vapeur* se não quiser arriscar. Para um *grand finale*, atravesse a rua e pare em frente ao número 8, onde fica a **Maison du Chocolat**. Entre e se esbalde com um dos melhores chocolates do pedaço.

Soundtrack
Comme d'habitude – Claude François

Serviço
Igreja de Madalena
Place de la Madeleine, 75008 Paris
www.eglise-lamadeleine.com

Olympia Bruno Coquatrix
28 Boulevard des Capucines, 75009 Paris
www.olympiahall.com

La Maison du Chocolat
8 Boulevard de la Madeleine, 75009 Paris
www.lamaisonduchocolat.com/fr

MARNE-LA-VALLÉE-CHESSY

DESÇA AQUI PARA: DISNEYLAND PARIS, WALT DISNEY STUDIOS e DISNEY VILLAGE

linha RER A

AÍ VOCÊ ME PERGUNTA: MAS PARA IR À DISNEY NÃO É ME-
lhor viajar para Orlando? Vale desperdiçar um dia inteiro na cidade luz só para ver o Mickey? A resposta é: depende. Se o tempo em Paris é curto, melhor priorizar os passeios tradicionais. Agora, se a viagem durar sete dias ou mais, conhecer a antiga Eurodisney pode ser uma boa pedida, principalmente se a criançada estiver junto. Ah, o nome oficial agora é **Disneyland Paris**. Os executivos acharam melhor tirar o "euro" do nome para evitar referências à moeda.

O complexo foi inaugurado em 1992 com um parque seguindo o modelo do tradicional *Magic Kingdom*, aquele do castelo da princesa. Em 2002 começou a funcionar também o **Walt Disney Stu-**

dios, nos moldes do antigo MGM e atual Hollywood Studios, onde o tema é cinema. Para compras e alimentação em geral, existe o **Disney Village,** no melhor estilo Disney Springs, que nos meus tempos de guia era chamado de *Marketplace*. Hoje são sete hotéis ao todo no resort, mais seis hotéis associados, um campo de golfe e uma estação ferroviária, tudo dentro de uma cidade planejada chamada Marne-la-Vallée, que fica a 32 quilômetros a leste do centro de Paris, e dá nome a estação em que você vai descer para ter acesso a tudo isso.

A estação ferroviária pertence ao Réseau Express Régional, o famoso RER, que liga a região central de Paris aos subúrbios da capital. O metrô é integrado ao sistema. Para ter acesso à linha A, que serve à Disney, basta partir de alguma das seguintes estações metropolitanas: Charles de Gaulle-Étoile, Auber, Chatelet Les Halles, Gare de Lyon ou Nation. Exemplo: se você estiver hospedado na République, pegue o metrô, desça na Nation e siga as placas que indicam RER A. Passe pela outra catraca com o seu bilhete comum, vá até a plataforma indicada e pegue o trem para Marne-la-Vallée-Chessy, que é o ponto final. Não tem como errar, pois a estação fica praticamente dentro do parque. Cerca de 45 minutos e umas 12 paradas depois, *voilà*!

Sobre os ingressos, aí vai a dica: são muitos pontos de venda espalhados por Paris, mas para garantir eu sugiro comprar na loja oficial da Disney na Champs-Élysées, que fica em frente ao metrô Franklin D. Roosevelt. Sim, dá pra comprar na bilheteria do parque, mas pode ser que a fila esteja grande. E, para pegar fila, melhor que seja a da Space Mountain. Sim, é possível ver todo o complexo em apenas um dia, mas recomendo planejar bem o

passeio e chegar cedo – os portões abrem às nove horas. Existe um bilhete que dá acesso aos dois parques no mesmo dia, que é o mais indicado para esse esquema de bate-volta. Na condição de ex-guia da Disneyworld na Flórida, sei bem que o ideal seria um parque por dia para fazer bem-feito, mas, estando em Paris, o combo 2 em 1 está mais do que bom.

As atrações mais concorridas têm filas com 45 minutos de espera em média, podendo chegar fácil a uma hora em alta temporada. Como os parques são versões enxutas dos norte-americanos, não custa dar uma pesquisada antes na internet e já mapear a visita para não perder muito

tempo com isso. Quem quiser gastar um pouco mais também pode adquirir o *fast pass* e entrar na fila VIP, que anda mais rápido. Aquele mapinha disponível na entrada, velho conhecido dos frequentadores da Flórida, também ajuda a agilizar os deslocamentos. Dito isso, se jogue nas atrações: It's a Small World, Big Thunder Mountain, Piratas do Caribe e Buzz Lightyear Laser Blast, Torre do Terror, Armageddon, Rock'n' Roller Coaster e tantas outras.

Não deixe de dar uma volta no **Village** e conferir o **Planet Hollywood**; é impossível perder de vista a gigantesca esfera azul logo na entrada do complexo. Ver de perto figurinos originais utilizados por estrelas de cinema e objetos de cena como a bengala usada por Chaplin em *Luzes da Cidade*, de 1931, é sempre legal. Fora que os lanches são honestos e a lojinha no piso de baixo vira e mexe tem alguma coisa em promoção.

It's time to remember the magic!

Soundtrack
Laisse tomber les filles – France Gall

Serviço
Disneyland Paris
77777 Marne-la-Vallée
www.disneylandparis.com/en

MAUBERT-MUTUALITÉ

DESÇA AQUI PARA:
PANTHEON, SORBONNE
e QUARTIER LATIN

linha 10

A ESTAÇÃO JÁ FOI FAMOSA PELA PROXIMIDADE COM O Pantheon, aos campi da **Sorbonne** e ao boêmio **Quartier Latin**. Mas desde 2011 é mais conhecida pelas escadinhas da igreja St. Etienne du Mont, aonde Gil (Owen Wilson) vai todas as noites esperar a carona para viajar no tempo no longa de Woody Allen *Meia-noite em Paris*.

A Maubert-Mutualité está na linha 10 do metrô parisiense, no coração da Rive Gauche, a margem esquerda do rio Sena. Foi aberta em 1930 e o nome vem da junção da Place Maubert com a Maison de la Mutualité.

O badalado Quartier Latin não é exatamente um bairro, e sim uma região que engloba os *arrondissements* 5 e 6; Paris é dividida em 20 *arrondissements* (zonas administrativas) municipais, contados no

sentido horário a partir do Louvre, e cada "vila" dessas é gerida por seu próprio conselho. O nome do pedaço vem da Idade Média, quando o ensino era ministrado em latim. Por falar em ensino, na área estão as mais famosas universidades de Paris, como a respeitadíssima **Sorbonne**. E foram justamente os estudantes que jogaram os holofotes no *quartier,* ali no final dos anos 1960, com todos aqueles movimentos intelectuais e políticos que caracterizaram a geração de 1968. Já nos anos 1970, a Universidade de Paris foi dividida em 13, e quatro delas passaram a usar o nome Sorbonne, que deriva de um colégio

fundado em 1297 pelo teólogo Roberto de Sorbon. A imagem mais associada à instituição talvez seja a da capela dedicada a Santa Úrsula, de 1642.

No livro *E foram todos para Paris,* o jornalista Sérgio Augusto traça um roteiro de bares e restaurantes inspirado na "geração perdida" de escritores norte-americanos que invadiu a cidade luz no início do século XX. Lá estão a Brasserie Balzar e La Chope (antigo Café des Amateurs). Em cima do restaurante La Maison de Verlaine fica o apartamento onde o escritor Ernest Hemingway morou por um tempo. Tudo isso nos arredores dos campi.

Nas redondezas também está o Panteão de Paris, ou simplesmente **Pantheon**. A construção neoclássica de 1790 tem 110 metros de comprimento por 84 metros de largura. Na fachada principal estão as colunas de estilo coríntio que apoiam um frontão triangular de autoria de David d'Angers. Na parte interna, pinturas de Puvis de Chavannes, Gros e Cabanel. A ideia inicial era que o prédio projetado pelo arquiteto Soufflot abrigasse a igreja de Santa Geneviève, padroeira da cidade, mas acabou virando um grande

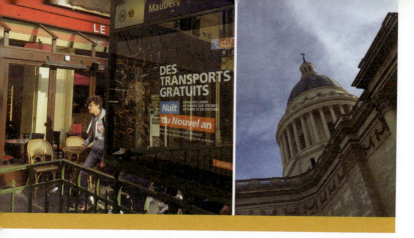

mausoléu. Lá repousam Voltaire, Rousseau, Alexandre Dumas, Émile Zola e Victor Hugo. O domo é marca registrada do *skyline* de Paris e pode ser visto de vários pontos da cidade; quando você estiver subindo a escadinha do metrô, perceberá a imponente cúpula rasgando o céu da cidade luz.

E a atração turística mais recente da região fica na Rue Montagne St. Geneviève: é na escadaria da igreja **St. Etienne du Mont** que o personagem de Owen Wilson fica de plantão à espera da carona à meia-noite. Quem sabe você não dá a mesma sorte de Gil e consegue viajar no tempo para tomar uma taça de vinho com Hemingway? Se não rolar, uma paradinha no café **Le Metro**, ali em frente à estação, no 60 do Boulevard Saint-Germain, já resolve a parada.

Em tempo: a estação Cardinal Lemoine pode ser uma boa alternativa, dependendo do seu itinerário.

Soundtrack
"Je T'Aime... Moi Non Plus" – Serge Gainsbourg/Jane Birkin

Serviço
Pantheon Paris
Place du Pantheon
www.pantheonparis.com

Sorbonne
1 rue Victor Cousin, 75005 Paris
www.paris-sorbonne.fr

Paroisse St. Etienne du Mont
Place Sainte-Geneviève
30 rue Descartes, 75005 Paris
www.saintetiennedumont.fr

MONTPARNASSE-BIENVENÜE

DESÇA AQUI PARA:
TOUR MONTPARNASSE, MARCHÉ DE LA CRÉATION e CEMITÉRIO

linhas

DE ONDE SÃO TIRADAS ESSAS FOTOS DA TORRE EIFFEL VISTA de cima? Aí vai a resposta: do alto de outra torre, a **Montparnasse**. Um arranha-céu de 56 andares que destoa da consagrada arquitetura do barão Haussmann – os parisienses torcem o nariz para ela, mas os turistas a adoram.

A estação abriga uma das famosas *gares* da cidade, ou seja, é um terminal de trem também, com destinos para Bordeaux, Rennes e Nantes. É anterior ao metrô, foi aberta em 1840 e reformada 12 anos depois. Foi lá, em 1895, que aconteceu o conhecido descarrilamento: o maquinista não travou a locomotiva a tempo e o trem rasgou a parede, ficando pendurado pelo lado de fora do prédio na antiga praça Rennes. Como atende várias linhas, é a quarta mais movimentada do metropolitano de Paris. E tem a maior esteira rolante, com 185 metros.

Até 2011, a **Tour Montparnasse** era o prédio mais alto da França, mas foi destronada pela **Tour First**, situada em La Défense. Levou 12 anos para ficar pronta – de 1960 a 1972. Mas o elevador ainda é o mais rápido da velha Europa: vai do térreo ao 56º andar em apenas 38 segundos. Uma vez no topo, não deixe de dar uma espiada na "mais bela vista de Paris" pelos telescópios. Telas espalhadas pelo local explicam os pontos turísticos mais famosos. Fora isso, há uma exposição fotográfica permanente, painéis interativos, o café 360º e, claro, uma loja de lembrancinhas. Se você quiser, pode subir mais dois andares de escada e chegar ao terraço

panorâmico. É de lá que você irá fazer aquela foto esperta da "dama de ferro" vista do alto.

Programe-se, pois as filas podem ser enormes. Dá pra agilizar e comprar on-line: adulto paga 15 euros, a garotada e os estudantes pagam um pouco menos. Os horários de funcionamento variam dependendo da época do ano, mas sempre abre às 9h30 e nunca fecha antes de 22h30; é por conta do freguês: quer fazer as fotos à luz do dia ou com a cidade toda iluminada? No mais, a saber: a torre é o primeiro edifício em número de empregos dentro dos limites de Paris – cerca de 5 mil pessoas trabalham espalhadas pelos 53 andares do prédio. Na base estão lojas como **C&A** e, ainda, uma unidade das **Galeries Lafayette**.

Se a sua visita a Montparnasse for num domingo, recomendo uma feirinha muito charmosa do outro lado da praça, em frente à estação Edgar

Quinet, ideal para quem quer um suvenir da cidade luz que fuja aos clichês torre-arco-louvre. É o **Marché de la Création** (mercado da criação), que funciona das 10h às 19h. Ele está mais para feira de arte do que artesanato propriamente dito. Os participantes expõem obras originais assinadas e as séries são limitadas: no máximo dez unidades de cada peça. Alguns artistas são permanentes, outros vêm e vão. Eu tenho na cozinha um quadrinho feito com um mapa do metrô que faz o maior sucesso com as visitas. Tem arte de todos os tipos e preços, de pintura a escultura.

Nas proximidades, no Boulevard Edgar Quinet, fica o **Cemitério de Montparnasse**. Não é badalado como o colega **Père-Lachaise**, mas tem lá seus moradores ilustres. Os filósofos Jean-Paul Sartre e Simone de Beauvoir, o poeta Charles Baudelaire, o editor Pierre Larousse e o dramaturgo Samuel Beckett repousam entre as mais de mil árvores dispostas pelo espaço.

Bateu a fome? No Boulevard du Montparnasse estão alguns dos restaurantes mais famosos de Paris; pule para a estação Vavin.

Soundtrack
Cette Année là – Claude François

Serviço
Torre Montparnasse
33 Avenue du Maine, 75015 Paris
www.tourmontparnasse56.com/en

-Cemitério do Montparnasse
3 Boulevard Edgar Quinet, 75014 Paris
www.parisinfo.com

OPÉRA

linhas

DESÇA AQUI PARA:
PALÁCIO GARNIER,
CAFÉ DE LA PAIX e
PARIS STORY —
O FILME

SABE O *FANTASMA DA ÓPERA*? POIS BEM, O ROMANCE DE Gaston Leroux bem que poderia se chamar o *Fantasma da Ópera... de Paris*! A história foi inspirada nas lendas sobre as profundezas do edifício: um enorme lençol de água subterrâneo feito pra manter a sustentação da obra teria sido assombrado por um misterioso fantasma, que causava diversos acidentes e chantageava os administradores da casa. O terreno, de fato, era extremamente pantanoso, mas o rio não corre exatamente embaixo da construção.

A linha 3 do metrô que leva o nome da casa de espetáculos é a mais antiga, aberta em 1904. As outras linhas, 7 e 8, são respectivamente de 1910 e 1913. Todas deram trabalho devido ao tal terreno pantanoso. Nesse caso, o fantasma não teve culpa alguma.

Dito isso, a saber: antes era apenas Ópera de Paris, mas, depois da inauguração da Ópera da Bastilha, virou **Ópera Garnier**. E nada mais justo do que homenagear o responsável pela obra, Charles Garnier. O arquiteto, com 35 anos de idade

73

em 1861, ganhou a concorrência para assinar o projeto encomendado pelo prefeito da região parisiense, Georges-Eugène Haussmann, o famoso barão que transformou Paris na cidade luz. A inauguração só aconteceria em 15 de janeiro de 1875, com a representação da ópera *A judia*, de Halévy, e trechos de *Os huguenotes*, de Giacomo Meyerbeer.

O imponente edifício tem área total de onze mil metros quadrados e o palco pode acomodar até 450 artistas. O prédio é ornamentado e ricamente decorado, com frisos de mármore multicolorido, colunas e muitas estátuas.

O interior é também muito rico, com veludos, superfícies folheadas a ouro, querubins e ninfas. O candelabro central do salão principal pesa mais de seis toneladas, e uma segunda pintura do teto foi feita em 1964 por Marc Chagall. Tudo isso pode ser visto no tour pelos bastidores do prédio neobarroco, uma boa opção pra quem não tem tempo – ou euros – para assistir aos concorridos espetáculos em cartaz na Ópera. O ingresso do tour é mais em conta, custa por volta 11 euros. E a visita ao *backstage* pode ser feita todos os dias, salvo exceções listadas no *site*, das 10h às 17h. Destaque para a monumental escadaria, o *foyer* e, claro, a grande sala de espetáculos.

Bem em frente a uma das laterais da Ópera fica um cineminha aconchegante de um filme só: **Paris Story**. O documentário, com cerca de uma hora de duração, revela os segredos por trás dos grandes monumentos e dá uma geral de como a cidade foi sendo construída ao longo dos séculos. A câmera entra onde o turista não tem acesso e mostra várias curiosidades. É falado em francês, mas cada cadeira da sala de projeção é equipada com

um sistema de fones com versão em diversos idiomas, incluindo inglês e espanhol. Na sala de espera fica uma espécie de maquete interativa de Paris, bem interessante pra quem quiser uma visão completa da capital francesa.

Nas redondezas, em frente à praça da principal saída de metrô – a Place de l'Opéra – e pertinho do já citado Paris Story, está um dos restaurantes mais tradicionais de Paris: **Café de la Paix**. O famoso café abriu as portas em 1862 para servir o Le Grand Hôtel, que fica em cima. Mas o lugar ganhou vida própria e frequentadores famosos, como o escritor Oscar Wilde. Em agosto de 1975, o lugar foi declarado patrimônio histórico pelo governo francês. Eu quase sempre vou de *filet de bœuf grillé*, o bom e velho filé. Para acompanhar, prove o delicioso purê de batatas, daqueles que dissolvem na boca.

Se a lojinha da Ópera não tiver satisfeito você, o comércio no entorno é movimentado. Ali pertinho ficam as galerias mais famosas de Paris, a **Lafayette** e a **Printemps**, dá pra ir a pé. Mais detalhes dos grandes magazines na estação Chaussée d'Antin-Lafayette.

Soundtrack
La dernière valse – Mireille Mathieu

Serviço
Ópera Garnier
Place de l'Opéra, 75009 Paris
www.operadeparis.fr/en

Paris Story
11bis rue Scribe, 75009 Paris
www.paris-story.com

Café de la Paix
5 Place de l'Opéra, 75009 Paris
www.cafedelapaix.fr

> **DESÇA AQUI PARA:**
> MUSEU DO LOUVRE,
> COMÉDIE-FRANÇAISE
> e PALAIS ROYAL

PALAIS ROYAL- MUSÉE DU LOUVRE

linhas

PARADA PARA AQUELE QUE É, DE LONGE, O MUSEU DE ARTE mais visitado do mundo. São quase 10 milhões de pessoas por ano querendo ver o discreto sorriso de *La Gioconda* (a famosa **Mona Lisa**), a *Vênus de Milo* e os artefatos do Egito antigo. Isso sem falar nas pirâmides de vidro, inauguradas em 1989, debaixo de controvérsias, e consagradas em 2006 graças ao filme *O código da Vinci*, dirigido por Ron Howard. Mas o **Palácio do Louvre** é bem mais antigo. Ele foi sede do governo francês até 1682, quando Luís XIV levou a corte para Versalhes.

Já a estação que dá nome ao capítulo é uma das oito originais abertas em 1900, com o nome de Palais Royal. O comple-

mento Musée du Louvre só surgiu 89 anos depois, na mesma época da inauguração das pirâmides. A entrada que fica na Place Colette foi especialmente decorada pelo artista Jean-Michel Othoniel no ano 2000, durante as comemorações do centenário do metrô parisiense. Da praça se veem todas as atrações do pedaço, mas comecemos pela mais badalada.

O **Museu do Louvre** é gigantesco. Tem gente que passa dias explorando seus oito departamentos divididos em três alas: Denon, Sully e Richelieu. O pior jeito de visitar o espaço é ficar andando sem rumo, pois a sensação é de

estar preso num labirinto sem fim. Preparar um roteirinho antes é a melhor pedida; poupará a você tempo e pernas. Se ficar satisfeito com um *top 5* de obras mais visitadas, basta separar uma manhã ou uma tarde no museu.

A **Vênus de Milo**, por exemplo, fica no térreo. Procure pelo departamento "gregos, etruscos e romanos", que fica na ala Sully, sala número 7. A obra de dois metros de altura foi descoberta em 1820, na ilha de Milo. Não se sabe como a estátua de mármore perdeu os braços, muito menos o autor.

Já o responsável pela **Mona Lisa** é bem conhecido por todos: Leonardo da Vinci. O quadro mais famoso do mundo fica no primeiro andar do museu: ala Denon, sala 6, departamento "pinturas italianas". *La Gioconda* foi pintada a óleo sobre madeira entre 1503 e 1506 e passou pelos palácios de Fontainebleau e Versalhes antes de chegar ao Louvre. Foi roubada em 1911 e recuperada na Itália logo depois. Já jogaram ácido, pedra e xícara na obra, que hoje é protegida por um vidro à prova de balas. Entre 1938 e 1945, foi escondida dos nazistas em seis lugares diferentes durante a Segunda Guerra Mundial, entre eles, os castelos do Vale do Loire, igrejas e outros museus.

Também no primeiro andar ficam **Les Esclaves** (Os escravos), de Michelangelo e a ***Vitória de Samotrácia***, escultura que representa a deusa grega Nice, descoberta em 1863. Difícil não avistar de longe a obra em destaque na escadaria Darú.

Mas nem só de esculturas e pinturas é feito o Louvre – as antiguidades egípcias estão entre os destaques do museu na área **Egito – a vida diária**. São várias salas na ala Sully, com mais de 50 mil objetos: papiros, amuletos, vestuário, joalheria, instrumentos musicais, jogos, armas e, claro, múmias. Destaque para o *Escriba sentado*. O governo egípcio vem buscando reaver as peças alegando que foram adquiridas ilicitamente. Na dúvida, corra para ver.

Depois de passar na lojinha do museu e voltar à praça Colette, temos a **Comédie-Française**, um teatro estatal da França fundado em 1680 para unir as duas companhias parisienses mais respeitadas: a do Hôtel Guénégaud e a do Hôtel de Bourgogne. O dramaturgo Molière é considerado o patrono dos atores do teatro, que hoje em dia possui cerca de três mil peças no repertório e três salas de espetáculos. Não

estranhe se vir o *Cyrano de Bergerac* na sacada do prédio – é a coisa mais normal do mundo em Paris.

Atrás do teatro de comédia fica o **Palais Royal**. Mas não se deixe enganar pelo nome; o prédio nunca foi de fato um palácio real. Foi construído a mando do cardeal de Richelieu, em 1624, daí o primeiro nome do empreendimento, Palais Cardinal. Atualmente é sede do Ministério da Cultura, entre outros órgãos. No pátio ficam as famosas colunas brancas com faixas pretas do artista Daniel Buren, onde a criançada adora brincar. No entorno estão as galerias cheias de lojas luxuosas e restaurantes bacanas. Mas o meu preferido fica do outro lado da praça.

Bem na junção do **Museu do Louvre** com o **Jardin du Palais Royal** está o **Café Ruc**, ali em frente à **Comédie-Française**. O restaurante é bonito e aconchegante e a comida é ótima. Um almoço custa em torno de 25 euros. O *spaghetti bolognaise* não tem erro e o *boeuf bourgignon* é clássico. Mas tem cheesebúrguer também. *Bon appétit!*

> **EM TEMPO:** A estação Louvre-Rivoli, como indica o nome, também dá acesso ao museu, conta com algumas réplicas de obras de arte que foram espalhadas pelos túneis em 1968.

Soundtrack
Quelqu'un M'a Dit – Carla Bruni

Serviço
Musée Du Louvre 75001 Paris
www.louvre.fr

Palais Royal
8 Rue de Montpensier, 75001 Paris
Tel: 1 47 03 92 16

Comédie-Française
1 Place Colette, 75001 Paris
www.comedie-francaise.fr

Café Ruc
159 rue Saint Honoré, 75001 Paris
www.caferuc.com/fr

DESÇA AQUI PARA:
CEMITÉRIO PÈRE-
-LACHAISE

PÈRE-LACHAISE

linhas

TEM QUEM CHAME DE TURISMO MÓRBIDO. MAS MUITA GEN-te adora. Afinal, o **Père-Lachaise** é o maior cemitério de Paris e um dos mais conhecidos do mundo. A fama se justifica pela quantidade de personalidades que lá repousam para toda a eternidade: Édith Piaf, Jim Morrison, Allan Kardec, Frédéric Chopin e Oscar Wilde, para citar apenas os "moradores" de cinco das setenta mil sepulturas.

A estação, aberta em 1903, foi a primeira do metrô parisiense a ter escadas rolantes (em 1909). E o nome, é claro, vem do cemitério que já estava no Boulevard de Ménilmontant cem anos antes – foi inaugurado em 1804. O **Père-Lachaise** é uma homenagem a François d'Aix de La Chaise, o padre

La Chaise. A obra foi confiada ao arquiteto neoclássico Alexandre-Théodore Brongniart. Aliás, em termos de iconografia funerária, o lugar é uma exposição a céu aberto; são várias esculturas e memoriais de encher os olhos.

No início século XIX, as antigas necrópoles passaram a ser substituídas pelos novos cemitérios e os "inquilinos" famosos começaram a chegar para, de certa forma, atrair o público à região, que na época era considerada afastada. O escritor **Molière (divisão 25)**, que havia feito a passagem em 1673, foi um dos primeiros a se instalar, em 1817.

Conforme a lista de personalidades aumentava, o local foi virando um verdadeiro ponto turístico da cidade; hoje em dia, cerca de dois milhões de visitantes passam por ali todos os anos. A área é enorme, equivale a cinquenta campos de futebol. Por isso, separe ao menos três horas do seu dia e trate de prestar atenção ao mapa que fica na entrada principal indicando as "atrações" mais badaladas do lugar. Por exemplo: a cantora **Édith Piaf**, sepultada em 1963, está na **divisão 97**. E por aí vai. Se você preferir, pode contratar um dos guias que ficam na porta e fazer um passeio temático.

O túmulo mais procurado, e por isso mesmo o mais protegido, é o do cantor **Jim Morrison**. Aparece inclusive no filme *2 dias em Paris*, de 2007, estrelado por Julie Delpy e Adam Goldberg. O líder da banda *The Doors* foi encontrado morto em Paris, na banheira de um apartamento do número 17 da Rue Beautreillis, no dia 3 de julho de 1971, aos 27 anos de idade. A peregrinação é tanta que a administração do cemitério já tentou transferir o músico para uma outra necrópole, mas Jim segue repousando na **divisão 16,** apesar do tumulto dos fãs. *The end.*

Se você assistiu ao filme *Paris, te amo*, de 2006, vai lembrar do curta de Wes Craven que tem o cemitério como pano de fundo para a "DR" do casal vivido pelos atores Emily Mortimer e Rufus Sewell. **Oscar Wilde** até entra em cena como conselheiro amoroso ali na **divisão 89**.

Aí vai uma lista de outras personalidades que podem lhe interessar: os escritores Balzac (divisão 48), Marcel Proust (divisão 85) e o já citado Molière. O compositor Frédéric Chopin (divisão 11), o pintor Delacroix (divisão 49) e o codificador do espiritismo Allan Kardec, este o mais visitado pelos brasileiros (divisão 44). Maria Callas (divisão 87) não está enterrada

83

lá, suas cinzas foram jogadas no mar Egeu, mas existe um monumento à cantora lírica greco-americana.

O cemitério abriga ainda um crematório, diversos memoriais e até um pequeno jardim onde podem ser jogadas as cinzas dos mortos, na divisão 77. O Père-Lachaise funciona das 8h às 18h durante a semana; aos sábados, das 8h30 às 18h; e aos domingos, das 9h às 18h. No site você pode fazer uma visita virtual. Em tempo: o lugar não é nada macabro; pelo contrário, é muito bem cuidado desde os tempos da administração dos jesuítas.

E, pra não dizer que só de comércio fúnebre vivem as redondezas, bem na frente do muro lateral do cemitério fica o **Obododo Cafe**, um aconchegante restaurante que aos sábados prepara a melhor torta de maçã que você comerá na vida. Ou de abacaxi, pêssego, tanto faz. Mas antes de atacar a sobremesa, costumo pedir um *penne* aos quatro queijos, que no friozinho sempre cai bem. O atendimento é simpático, e os preços, honestos. Recomendo.

Soundtrack
Non, Je Ne Regrette Rien – Édith Piaf

Serviço
Cemitério Père-Lachaise
8 Boulevard de Ménilmontant
(entrada principal), 75020 Paris
www.pere-lachaise.com

Obododo Cafe
28 Boulevard de Ménilmontant,
75020 Paris
Tel: (0) 1 43 48 77 36

> **DESÇA AQUI PARA:**
> ROLAND GARROS,
> PARC DES PRINCES e
> STADE JEAN-BOUIN

PORTE D'AUTEUIL

linha 10

JÁ VOU LOGO AVISANDO: SE VOCÊ NÃO É FÃ DE ESPORTES, pode riscar essa parada do roteiro e pular este capítulo. A estação, aberta em 1913, fica afastada do burburinho, mas é próxima de ao menos dois templos esportivos de Paris. Pra começar, a cinco minutos de caminhada da saída do metrô fica a sede do *Grand Slam* mais charmoso do tênis mundial: **Roland Garros**.

Sim, conhecer os domínios parisienses de Gustavo Kuerten é um passeio muito legal, mesmo que as visitas guiadas não estejam disponíveis no dia escolhido. O museu da Federação Francesa de Tênis já vale, isso sem falar na lojinha lotada de produtos que deixam qualquer tenista de fim de semana com água na boca. Mas, antes, um *pit-stop* bucólico.

85

No caminho da estação para Roland Garros, ali na avenida De La Port d'Auteuil, fica o **Jardin des Serres d'Auteuil**, um minijardim botânico inaugurado em 1898. O lugar é lindíssimo e sem tantos turistas como os outros parques e jardins da cidade. Lá são cultivadas cerca de cem mil mudas por ano, que abastecem importantes prédios públicos de Paris; as estufas exibem palmeiras e uma vasta coleção de flora tropical.

Continuando o caminho e virando à esquerda na avenida Gordon Bennet, há o complexo inaugurado em 1928 para que os franceses defendessem

o título da Copa Davis, conquistado no ano anterior em cima dos norte-americanos. O Aberto da França já existia, mas era disputado em diversos lugares, como o *Tennis Club de Paris*, que fica no mesmo bairro.

Roland Garros foi um pioneiro da aviação francesa, inventor e herói de guerra, morto em combate em 1918. Dito isso, vamos ao complexo. São vinte quadras ao todo, incluindo os três estádios que recebem as principais partidas. Tem restaurante, bar, sala de imprensa, um centro de treinamento e o já citado museu.

Pronto. Agora vamos trocar de modalidade. Do tênis para o futebol. Faça o caminho de volta à estação do metrô e, desta vez, siga as placas que apontam para **Parc des Princes**. Aviso que a caminhada é boa, de quinze a vinte minutos. Outra opção é pegar um táxi, o que não vai chegar a dez euros.

O atual estádio, com capacidade para quase cinquenta mil pessoas, foi inaugurado em 1972. E desde 1973 é a casa do PSG, o **Paris Saint-German**. Mas o espaço original, de 1897, funcionava como arena multiuso, tinha velódromo e tudo. O nome "Parque dos Príncipes" vem do século XVIII, já que a realeza costumava caçar ali na época. O complexo que abriga a arena foi criado pelo duque de Morny, em 1860. Já o time nasceu em 1970, com a fusão de dois clubes: Paris Football Club e Stade Saint-Germain, daí o nome composto usado até hoje. Foi também a casa

da seleção francesa até 1998, quando o Stade de France passou a receber os jogos dos *bleus*. O estádio já sediou nove jogos de Copa do Mundo: três em 1938 e seis em 1998, entre eles, a disputa pelo terceiro lugar entre Croácia e Holanda.

O tour pelo *parc* leva cerca de uma hora e dá acesso aos bastidores: vestiários, sala de imprensa, camarotes, sala de troféus e, claro, o gramado. Geralmente acontecem às quartas, às sextas e aos sábados; convém checar o site oficial antes de pegar o metrô. No final do passeio, a loja oficial te espera. E durante a visita você perceberá a importância que o clube dá aos jogadores brasileiros que por ali passaram: Valdo, Ricardo Gomes, Ronaldinho Gaúcho, David Luiz, Thiago Silva, Lucas... **Raí**, o terror do Morumbi, também assombrou os gramados franceses. Considerado um dos principais

jogadores da história do clube, Raí fez uma emocionada despedida em 25 de abril de 1998, com a torcida cantando *Aquarela do Brasil*.

Bem em frente fica o **Stade Jean-Bouin**, mais acanhado e arrojado que o estádio vizinho. Ele é geralmente usado para jogos de rúgbi, mas foi batizado em homenagem ao fundista medalha de prata nas Olimpíadas de 1912, na prova dos cinco mil metros. Reaberta em 2013, após três anos de reformas, a arena pode receber um público de até vinte mil pessoas.

Para pegar o caminho de volta, é melhor andar mais um pouco no mesmo sentido do que voltar tudo: a estação Porte de Saint-Cloud fica praticamente em frente ao estádio e faz parte da linha 9, a mesma do Trocadéro (Torre Eiffel) e Franklin D. Roosevelt (Champs-Élysées).

Soundtrack
Matuidi Charo (PSG) – Niska

Serviço
Stade Roland Garros
2 Avenue Gordon Bennett, 75016 Paris
www.rolandgarros.com

Jardin des Serres d'Auteuil
3 Avenue de la Porte d'Auteuil, 75016 Paris
www.parisinfo.com

Parc des Princes
24 Rue du Commandant Guilbaud, 75016 Paris
www.psg.fr

Stade Jean-Bouin
20-40 Avenue du Général Sarrail, 75016 Paris
www.stade.fr/club/stade-jean-bouin

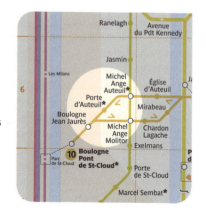

> DESÇA AQUI PARA:
> PARC DE LA VILLETTE

PORTE DE PANTIN

linha **5**

COMO SE NÃO BASTASSEM OS TRADICIONAIS PARQUES E jardins espalhados pela cidade, Paris ainda oferece uma opção mais, digamos, interativa e pós-moderna: o **Parc de la Villette** é o terceiro em tamanho da capital francesa e concentra o maior número de casas de cultura, como o **Museu de Ciências** e o **Conservatório de Música e Dança**. A estação, inaugurada em 1942, te deixa bem em frente: basta atravessar a rua.

O La Villette foi construído entre 1984 e 1987, no espaço onde ficavam antigos abatedouros e o mercado nacional de carnes, uma espécie de açougue gigante. Vários arquitetos famosos foram escalados para a missão de projetar o parque que recebe cerca de 10 milhões de visitantes por ano, atraídos pela incrível diversidade de eventos. Para a criançada então, o lugar é um prato cheio; quem viaja em família não pode deixar de visitá-lo. E, como é muito grande, vamos por partes:

GRANDE HALLE DE LA VILLETTE (GRANDE HALL)

O hall, a imponente construção de aço e vidro que fica bem na entrada, tem história. O barão Haussmann encomendou a um arquiteto da época o que viria a ser o maior abatedouro da França, isso em 1865. Mas desde que o lugar foi transformado em parque urbano, as quase cinco mil cabeças de gado que ali cabiam deram espaço a feiras, exposições culturais e outras diversões.

CITÉ DES SCIENCES ET DE L'INDUSTRIE (CIDADE DA CIÊNCIA E INDÚSTRIA)

É simplesmente o maior museu de ciência da Europa. Foi inaugurado em março de 1986 pelo então presidente François Mitterrand com o intuito de "dividir o conhecimento científico com a população". São diversas seções, como por exemplo a Cité des Enfants (Cidade das Crianças), onde a garotada entre dois e sete anos pode encontrar estímulos diversos para gostar da matéria.

Para os pequenos até 13 anos, existe **Le Jardin des Dunes et des Vents**, um playground bem interessante com brinquedos separados por faixa etária.

CITÉ DE LA MUSIQUE (CIDADE DA MÚSICA)

Um museu da história da música com salas de concertos. A Philharmonie de Paris (Filarmônica de Paris) é a mais nova construção do complexo, com 52 metros de altura e mais de dois mil lugares. Le Zénith é uma arena que comporta mais de três mil espectadores. Já o Cabaret Sauvageé é uma

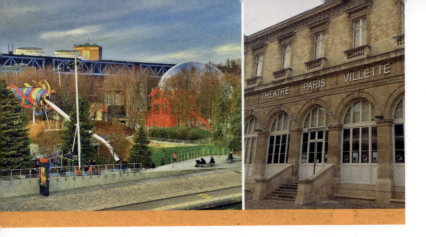

sala menor e mais flexível, com capacidade que pode variar de seiscentos a 1.200 lugares. O letreiro luminoso, que anuncia as diversas atrações, é visto de longe. No mais, salas de ensaio, espaço para exposições temporárias e até uma midiateca completam a "cidade".

LA GÉODE

É um cinema IMAX com uma gigantesca tela de 36 metros e quatrocentas poltronas inclinadas por conta da projeção, que é hemisférica. Sim, a sala fica na famosa esfera que virou cartão-postal do parque. Foi desenhada pelo arquiteto Adrien Fainsilber e inaugurada em 1986. Por causa disso, a atração é proibida para menores de um ano, mulheres grávidas e cardíacos.

É passeio para uma tarde inteira, ou até o dia todo. Não faz parte dos roteiros turísticos convencionais, por isso mesmo vale a visita. Em todo final de ano a prefeitura costuma montar um miniparque de diversões dentro do parque, com direito a carrossel e tudo o mais. E tem barraquinha de crepe de Nutella, claro. *Touché!*

Soundtrack
Musique – Daft Punk

Serviço
Parc de la Villette
211 Avenue Jean Jaurès, 75019 Paris
www.lavillette.com

91

RAMBUTEAU

> DESÇA AQUI PARA:
> CENTRE GEORGES POMPIDOU

linha 11

NÃO É MUSEU, BIBLIOTECA, CINEMA OU TEATRO, MAS TEM tudo isso. Mal comparando, o **Centro Georges Pompidou** é uma espécie de SESC, um grande centro cultural. O prédio é arrojado, bem diferente da arquitetura parisiense em geral, e por isso foi muito criticado na época da inauguração, mas acabou caindo no gosto da população e dos turistas. As enormes filas que tomam a praça em frente são a prova disso.

A estação pertence à linha 11 e foi aberta em abril de 1935 – o nome vem da Rue Rambuteau. Nas proximidades, além do Pompidou, ficam o Museu do Judaísmo e também o Jardim Anne-Frank, em homenagem à menina judia que passou mais de dois anos escondida dos nazistas em Amsterdã, durante a Segunda Guerra Mundial.

Centre National d'Art et de Culture Georges Pompidou – esse é o nome completo do prédio popularmente conhecido como **Beaubourg**, que é o platô sobre o qual ele foi erguido. O projeto é uma parceria entre dois arquitetos: um italiano e outro inglês, Renzo Piano e Richard Rogers. Muitos consideram a construção de 1977 um marco pós-moderno; outros o veem só como um prédio esquisito mesmo. Porém, uma coisa é certa: em branco o lugar não passa. As tubulações aparentes na praça já fazem parte dos cartões-postais da cidade. Isso sem falar nas escadas rolantes externas, que oferecem uma vista surpreendente de Paris.

A esplanada em frente, aliás, é palco de todas as artes: música, teatro, pintura. Evite chegar entre as 11h e as 15h, quando rola o pico do movimen-

to. A entrada é gratuita, mas as exposições temporárias são pagas. Uma vez lá dentro, se jogue no gigantesco saguão: tem balcão de informações, bilheteria, lojinha e um café no mezanino que, segundo uma amiga atriz, serve "o melhor *cheesecake* do mundo". Eu já provei e recomendo; é de frutas vermelhas e derrete na boca.

Conforme você muda de andar, tem acesso aos outros espaços. Nos níveis 4 e 5 estão o **Museu Nacional de Arte Moderna**, que tem a maior coleção da Europa. São mais de cem mil peças assinadas por Henri Matisse, Andy Warhol, Salvador Dali, Francis Bacon, Pablo Picasso e Jackson Pollock, para citar alguns.

Só a **Bibliothèque Publique d'Information**, com mais de trezentos mil volumes divididos em seis seções, toma três andares do prédio. E o mais legal é que a principal biblioteca pública da cidade tem uma entrada exclu-

siva pela Rue du Renard, na lateral do Centro. Se você quer fugir da fila oficial, usar o wi-fi, tomar um café mais em conta e conhecer gente nova, fica a dica. O lugar passa despercebido pela maioria das pessoas que chegam pela praça e sobem as escadas rolantes. Existe ainda uma outra biblioteca no prédio, a **Kandinsky**.

No sexto andar está o restaurante **Georges** e, claro, a estonteante vista de Paris. O visual é imbatível, mas o restaurante não é exatamente uma unanimidade. As críticas são de que o preço não acompanha a qualidade do serviço, o famoso caro e ruim. Eu sempre prefiro comer nos arredores, fora da atração principal. Por exemplo: no **Cinquecento**, uma simpática cantina italiana que serve uma igualmente simpática pizza de Nutella de sobremesa. Aproveite e explore o comércio da região, cheio de lojas de lembrancinhas e uma de filmes que eu sempre visito, a **Movie Store**, ao lado de uma *chocolaterie* muito charmosa.

Soundtrack
Ca Plane Pour – Moi Plastic Bertrand

Serviço
Centre Georges Pompidou
Place Georges-Pompidou, 75004 Paris
www.centrepompidou.fr

Cinquecento Pizza
38 Rue Saint-Denis, 75001 Paris
Tel: 1 42 21 99 16

Movie Store
42 Rue Rambuteau, 75003 Paris
Tel: 1 42 78 78 63

RÉPUBLIQUE

DESÇA AQUI PARA:
PRAÇA DA REPÚBLICA, TEATROS e CANAL SAINT-MARTIN

linhas

CARO LEITOR, COMO FIZ NO GUIA DE LONDRES, TENHO DE comentar sobre a região da cidade onde costumo ficar, meu quartel-general na cidade luz. Desde a primeira vez que vim a Paris, não sei bem por quê, as pesquisas na *web* me trouxeram pra cá. Uma coisa pesou: a **République** é servida por 5 linhas de metrô, o que facilita bastante os deslocamentos e diminui a quantidade de baldeações.

A estação, é claro, leva o nome da praça. A Place de la République foi batizada em homenagem à Terceira República Francesa, de 1879. O nome original é Place du Château-d'Eau. O local é bem movimentado por servir como entroncamento de diversas linhas essenciais da capital. Além disso, é palco para manifestações populares, culturais e políticas. Recentemente, devido aos atentados de novembro de 2015, o Monumento à República, conjunto de estátuas que

fica bem no meio da praça, foi transformado num memorial às vítimas. O Bataclan, por exemplo, fica a 650 metros dali. O local também foi palco da Marcha Republicana, considerada a maior manifestação da história da França, em resposta aos atentados à sede do jornal *Charlie Hebdo*, que ficava nas redondezas.

Em volta da praça estão várias saídas do metrô; são sete ao todo. A estação é de 1904 e faz parte da linha 3. Com o passar dos anos, a quantidade de linhas e plataformas foi aumentando até chegar ao número

atual, em 1935, o que facilita muito a vida do turista que se hospeda na região. Falando nisso, recomendo dois hotéis de perfis diferentes: o primeiro é o **Crowne Plaza**, que tem quatro estrelas e fica no imponente prédio onde funcionavam os *magasins réunis*, antiga cadeia de lojas do bairro. O Crowne é mais luxuoso e tumultuado do que o **Paix République**, que fica ali no número 2 do Boulevard Saint-Martin. Esse é simples, honesto e mais barato, com três estrelas, menos pompa e muito charme.

A região é residencial e boêmia ao mesmo tempo, cheia de teatros e bistrôs descolados, como o **Le Pachyderme**. Outra opção de restaurante é o **Pizza Pino**, cadeia de comida italiana com cinco unidades espalhadas pela cidade. A brasseria **Chez Jenny** está na área desde 1932. E o que não falta na praça é *fast-food*, representada pelas redes **McDonald's** e **Quick**, uma espécie de Mc belga. Mas o que salva mesmo naquela fome da madrugada são os quiosques de cachorro-quente, fatias de pizza e crepes, que funcionam até as duas da manhã.

Desde que Alexandre Dumas fundou o Théâtre-Lyrique em 1847 no Boulevard du Temple, a área abriu as portas aos teatros. O **Le République**, no melhor estilo *comedy store*, vive lotado aos finais de semana, apresentando ao público a nova cena de humor da cidade. Na região também fica o **Apollo**, perto do descolado **Café du Temple**.

A praça também é bem servida no quesito comércio: tem farmácia, lojas de celular, de roupas, material esportivo, banca de jornal, cafés, bancos, mercados e tabacarias. E, desde a reforma de 2008, que eliminou o trânsito da praça com a retirada da rotatória, o local virou ponto de encontro da turma do skate. A obra foi polêmica, mas está feita.

Seguindo pelas ruas Léon Jouhaux ou Fabourg do Temple, onde fica o badalado restaurante brasileiro **Favela Chic**, você terá uma surpresa agradável no final: o **canal Saint-Martin**. É onde Amelie Poulain gosta de arremessar pedrinhas na água. Com quatro quilômetros e meio, ele liga o canal l'Ourcq ao rio Sena passando por baixo da praça da Bastilha, obra dos tempos de Napoleão. Virou *point* eleito por turistas e parisienses por conta dos descolados bares e restaurantes que ficam às margens.

Soundtrack
Nos vies parallèles – Anggun & Florent Pagny

Serviço
Hôtel Paix République Paris
2 Bis Boulevard Saint-Martin, 75010 Paris
www.hotel-paix-republique.fr/en

Crowne Plaza Paris-République
10 Place de la République, 75011 Paris
www.ihg.com/crowneplaza

Le Pachyderme
2 Boulevard Saint-Martin, 75003 Paris
www.pachyderme-cafe.com

Pizza Pino
4 Place de la République, 75011 Paris
www.pizzapino.fr

SAINT-DENIS-PORTE DE PARIS

DESÇA AQUI PARA:
STADE DE FRANCE

linha

SAINT-DENIS É UM SUBÚRBIO AO NORTE DE PARIS, A QUASE dez quilômetros do centro da capital francesa. Se não fosse pelo estádio nacional, construído para a Copa do Mundo de 1998, a região não seria nada turística. Quase 40% da população do bairro é formada de imigrantes e a taxa de criminalidade é maior do que o governo gostaria de admitir. Mas a chegada do **Stade de France** e do comércio que se instalou no entorno tornou o lugar mais seguro.

A estação Saint-Denis-Porte de Paris foi inaugurada em 1976 e reformada na época da Copa para dar conta do aumento do fluxo de pessoas. E da escada de acesso à rua já dá para ver o estádio: basta seguir a sinalização para você dar de cara com a arena do outro lado da passarela. Siga em frente, contorne o espaço até achar a recepção, bem diante de um shopping. Lá você será encaminhado à loja oficial para

adquirir o ingresso e esperar pelo tour. Antes, porém, vamos ao raio x do cenário, que não traz boas lembranças ao torcedor brasileiro.

Para sediar o mundial de 1998, o padrão FIFA exigia ao menos sessenta mil lugares. O Parc des Princes, casa do Paris Saint-Germain, abrigava pouco menos que cinquenta mil torcedores. Daí a necessidade de uma nova arena que, no fim das contas, pode receber até oitenta mil pessoas. O Stade de France começou a ser pensado dez anos antes da inauguração, ainda em 1988. A construção foi rápida para os padrões: foram 31 meses de trabalho,

quase três anos. A obra custou 45 milhões de euros e precisou ser encravada 11 metros abaixo do nível da rua. Motivo: por uma questão de respeito, o estádio não poderia ficar mais alto do que a **Basílica de Saint Denis**, símbolo do bairro.

A cobertura elíptica é uma atração à parte – o teto não toca a arquibancada em nenhum ponto –, parece flutuar sobre o público. E o acabamento, em vidro, ajuda a distribuir a luz natural por toda a arena. Na estrutura do teto estão 35 blocos com cinco caixas de som em cada um, que em nada atrapalham a visibilidade do campo. Outro orgulho do *staff* local são as arquibancadas móveis, que escondem uma pista de atletismo embaixo, ou seja, o espaço pode ser aumentado em até 15 metros.

O tour pelos bastidores, que leva cerca de uma hora, vai mostrar tudo isso. Para quem é fã de esportes, desembolsar cerca de 15 euros para ter

acesso ao gramado é até barato. São cinco horários por dia, com o guia falando francês. Se você se vira melhor no inglês, são apenas dois horários disponíveis. Na dúvida, consulte o site oficial. Na sala de espera há uma espécie de museu do estádio, com uniformes usados por jogadores na final de 1998. Os de Zidane e Ronaldo estão lá, para alegria dos franceses e tristeza dos brasileiros.

Além do futebol, o estádio é a segunda casa dos clubes de rúgbi de Paris, além de receber as finais de vários torneios da modalidade. Isso sem falar nas estrelas do rock que já se apresentaram na arena multiuso: Roger Waters, Rolling Stones, Tina Turner, U2, Céline Dion, AC/DC, Beyoncé, Rihanna, Coldplay, Lady Gaga, Paul McCartney, Madonna e The Police, para citar alguns.

Na saída, se você não se contentar com a loja do estádio, pode atravessar a rua e se jogar na **Decathlon**, aquela *megastore* de material esportivo. Ou assistir a um filme numa das salas do cinema **Gaumont**, que fica no mesmo prédio.

Soundtrack
Tous Ensemble – Johnny Halliday

Serviço
Stade de France
93216 Saint-Denis
www.stadefrance.com/en

101

SAINT-MICHEL

> **DESÇA AQUI PARA:**
> CATEDRAL DE NOTRE-
> -DAME e LIVRARIA
> SHAKESPEARE AND
> COMPANY

linha 4

É O TIPO DE ATRAÇÃO QUE, ANTES MESMO DE SABER ONDE ficava, você com certeza já tinha ouvido falar. Até porque a construção de estilo gótico é uma das mais antigas da Europa – começou a ser erguida em 1163. E apesar de ter sediado diversos eventos importantes da história francesa, como casamentos reais e coroações, a fama vem mesmo do romance escrito por Victor Hugo em 1831: *Notre-Dame de Paris*, mais conhecido como *O Corcunda de Notre-Dame*.

O metrô sugerido é Saint-Michel, aberto em 1910 nas redondezas do **Quartier Latin**. Atravessando o rio Sena pela ponte que leva o nome da estação, você chegará à pequena ilha, a **Île de la Cité**, onde fica a **Catedral de Notre-Dame**.

A região da catedral marca o ponto zero para o cálculo de todas as distâncias; é o centro geográfico da cidade. Há até uma placa no chão, ali na praça Parvis, em frente à fachada ocidental, indicando o ponto zero. E se do lado de fora a visão já é impressionante, imagine do lado de dentro. É muita coisa para ver: vitrais, esculturas, sinos e relíquias. A principal delas talvez seja a coroa de espinhos com a qual Jesus Cristo foi martirizado pelos soldados romanos, ou ao menos fragmentos dela, guardados em um tubo de cristal e ouro. O venerado objeto ficava numa igreja vizinha, a **Sainte-Chapelle**, construída, na época, especialmente para abrigar as raridades adquiridas pelo rei. Um relicário em forma de templo.

Sobre o acesso: duas notícias, uma boa e outra nem tanto. A entrada é gratuita, mas a visita às torres é paga. São 422 degraus, mas a vista compensa. As fotos do alto, emolduradas pelas gárgulas de Eugène Viollet-le-Duc, são um clássico. Se você preferir economizar e evitar a escadaria, sem problemas. Tente pegar a missa das 18h15 para poder ouvir o coral cantando de perto – é de arrepiar. Para ver o famoso órgão em ação, a pedida são as noites de sábado, quando a Notre-Dame oferece concertos de grandes organistas.

O sino mais antigo tem nome, chama-se Emmanuel. O artefato pesa treze toneladas e não toca todos os dias, mas desde 1685 ele badala para marcar datas e eventos importantes, como o fim das duas guerras mundiais. Os outros sinos originais foram fundidos na época da Revolução Francesa. Um novo conjunto de sinos, idênticos aos antigos, foi inaugurado recentemente. Mas Emmanuel segue firme e forte.

Em frente à catedral está uma das livrarias mais charmosas da capital francesa, e conhecida em todo o mundo. Cheia de conexões com a cultura pop, ela aparece em pelo menos dois filmes cultuados pelo público: *Antes do amanhecer* e *Meia-noite em Paris*. No longa de Richard Linklater, que é a continuação de *Antes do pôr do sol*, o personagem de Ethan

Hawke faz uma sessão de leitura no local. Já na película de Woody Allen, Patrick Owen aparece saindo da **Shakespeare and Company** durante suas andanças pela cidade.

A livraria, que fica no prédio de um antigo monastério do século XVI, foi fundada em 1951 pelo americano Georges Whitman. O nome original era Le Mistral, mas foi rebatizada em 1964 em homenagem à Shakespeare and Company original, aberta em 1919 por Sylvia Beach na Rue Dupuytren. O espaço, frequentado por Ernest Hemingway e James Joyce, fechou as portas em 1940 durante a ocupação nazista e nunca mais foi reaberto.

A livraria atual é pequena, independente, caótica e com livros e revistas por todos os lados. Por isso mesmo não deixe de entrar, nem que seja para dar uma olhada e sair. O lugar é *hype* e frequentado por grandes escritores norte-americanos até hoje. Tem até fila na porta: sai um, entra um.

Outra opção de metrô é descer em Cité, já na Île de la Cité, bem próxima à Sainte-Chapelle e ao Palácio da Justiça. Nas proximidades também ficam as pontes Neuf, a mais antiga de Paris, e Des Arts, aquela onde casais apaixonados penduravam os cadeados (essa prática foi proibida pela prefeitura em 2015). Aproveite a linha 4 e dê uma passadinha em **Saint-Germain-des-Prés** – a igrejinha medieval vale a visita. Bem perto ficam os restaurantes **Le Pré aux Clercs** (baratinho) e também o **Les Deux Magots**, locação do filme *Intocáveis*.

Soundtrack
St-Germain des Près – Juliette Greco

Serviço
Catedral de Notre-Dame de Paris
6 Parvis Notre-Dame, Place Jean-Paul II,
75004 Paris
www.notredamedeparis.fr

Shakespeare and Company
37 rue de la Bûcherie, 75005 Paris
www.shakespeareandcompany.com

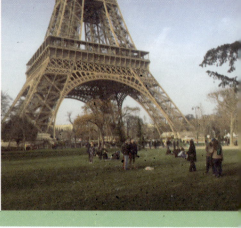

TROCADÉRO

DESÇA AQUI PARA: TORRE EIFFEL, PRAÇA DO TROCADÉRO e CHAMPS DE MARS

linhas

TEM UMA COISA QUE VOCÊ PRECISA SABER DE CARA SOBRE o monumento pago mais visitado do mundo: por pouco a torre não foi desmontada. Inaugurada em 31 de março de 1889, a **Torre Eiffel** foi erguida para comemorar o centenário da Revolução Francesa, e justamente por isso era uma instalação temporária. Exatos vinte anos depois, já em 1909, o contrato expirou e o cartão-postal de Paris foi salvo por uma inusitada razão: também servia como antena de rádio.

Dito isso, vamos às instruções de pouso: as saídas da estação estilo *art nouveau* inaugurada em 1900 e reformada em 2009 são identificadas – basta seguir a sinalização que você vai dar de cara com a esplanada do **Trocadéro**, também chamada de Praça das Liberdades e dos Direitos Humanos, um prato cheio pra quem é fã de patins. A origem do nome vem da Batalha de Trocadéro, na qual o exército francês lutou em 1823. Se a fome apertar antes do passeio, vale parar em algum *food truck* da praça e experimentar o tradicional cachorro-quente francês, aquele na baguete.

Entre a praça e a torre, descendo as escadas, ficam os **Jardins do Trocadéro**. A área, de quase cem mil metros quadrados, foi criada especialmente para a Exposição Universal de 1937. O local é adorado por turistas e parisienses e os 56 chafarizes fazem sucesso em épocas de calor. Durante o inverno, perto do Natal, uma feirinha muito charmosa se instala ali. Isso

sem falar nas dezenas de ambulantes, cobrando um euro por cinco chaveirinhos da torre, ideais pra dar de presente na volta.

Atravessando o jardim, ali, às margens do rio Sena, está a famosa "dama de ferro". Até 1930, quando foi inaugurado o Chrysler Building em Nova York, a torre era a estrutura mais alta do mundo. Mas o tamanho ainda impressiona: são 324 metros de altura divididos em três níveis: no primeiro, há muitas lojas, banheiros, restaurantes e cafés. No segundo, mais lojas e outro restaurante, o **Le Jules Verne**. O terceiro só abre se o tempo estiver bom; em caso de ventos fortes, fica fechado. Ali fica o *champagne bar* e o escritório onde o engenheiro **Gustave Eiffel** trabalhava. Foi de lá que a vilã May Day (Grace Jones) saltou de paraquedas no filme *007 – Na mira dos assassinos*, o último de Roger Moore como James Bond.

E sim, se você não for um astro de Hollywood em dia de filmagem, a subida é paga e as filas costumam ser enormes – afinal, são cerca de sete milhões de visitantes anuais. Dica: comprando pela internet você pode escolher o horário da visita e esperar menos para perder o fôlego com a indescritível vista panorâmica da cidade luz.

Na descida, uma boa pedida é comprar um tíquete de **batobus** que vale para dois dias. O barco circula pelo Sena e vai parando nos principais pontos turísticos às margens do rio: Louvre, Notre Dame e Museu D'Orsay, por exemplo. Não deixe de provar o crepe de banana com Nutella ao pé da torre antes de voltar ao metrô.

Em tempo: a estação Bir-Hakeim, da linha 6, também dá acesso à torre. É uma opção pra quem já quiser espiar o monumento pela janela do vagão e visitar uma das locações do clássico *O último tango em Paris*, estrelado

por Marlon Brando. A cena de abertura do polêmico longa de Bernardo Bertolucci é justamente embaixo da ponte onde passa o metrô. E a minha vista preferida do monumento só é possível chegando pelos fundos: vire à esquerda na Rue de Buenos Ayres e pronto – a imagem é de cair o queixo. Depois da visita, a caminhada de volta é mais curta, além de passar por mais uma feirinha que se instala ali todo fim de ano.

Se você estiver viajando em outra temporada, e a feira não estiver montada, vale uma volta pelo Champs de Mars, ou **Campo de Marte**. O jardim é uma das maiores áreas verdes de Paris, com 780 metros de comprimento e 220 metros de largura. Ótima pedida para um piquenique em dias de sol. Foi dali que o inventor Jean-Pierre Blanchard partiu para o seu primeiro voo de balão, em 1784. Na outra ponta do campo fica a École Militaire, a Escola Militar, onde Napoleão se formou.

Soundtrack
*Tous Les Visages De L'amour –
Charles Aznavour*

Serviço
Eiffel Tower
Champ de Mars, 5 Avenue Anatole France, 75007 Paris
www.toureiffel.paris

TUILERIES

DESÇA AQUI PARA:
JARDIN DES TUILERIES,
PLACE VENDOME, THE
HÔTEL RITZ e MUSEU
D'ORSAY

linha

BEM NO MEIO DA LINHA AMARELA FICA TUILERIES, ABERTA em 1900 em frente ao jardim que empresta o nome à estação. Não tem como errar; é subir a escada e sair diante da entrada do parque.

A rainha Catarina de Médici mandou construir, em 1564, um palácio no local onde antes havia fábricas de telhas (*tuileries*), de onde surgiu o seu nome – Palais des Tuileries. Cem anos depois, o então paisagista do rei Luís XIV, André Le Nôtre, veio a ser o responsável pela assinatura do projeto do

espaço. Repare que o jardim fica ao lado do Louvre e na frente do **Museu D'Orsay**, mas vamos começar o passeio pela Rive Droite. Claro que você pode aproveitar a parada e tentar fazer tudo numa tacada só; vai depender do seu tempo e da sua disposição.

Bem diante ao portão do jardim fica a Rue de Castiglione, que o levará até a **Place Vendôme**, construída em 1702 como um monumento aos feitos dos exércitos de Luís XIV. A coluna do centro, no entanto, só começou a ser erguida em 1806 a pedido de Napoleão em comemoração a uma de suas maiores vitórias: a Batalha de Austerlitz. Mas em 1871 a estátua foi posta abaixo durante a Comuna de Paris, quando os operários tomaram o poder por 72 dias. Desde 1874 uma réplica da estátua original, inspirada no imperador Trajano, repousa no alto da coluna.

Na praça há diversas lojas de marcas bem famosas e caras; a mais antiga é a joalheria **Boucheron**, de 1893. A **Chanel** também está ali. Coco Chanel, aliás, foi uma ilustre moradora do número 15 do **The Hôtel Ritz**. Com 159 quartos, o Ritz foi o primeiro hotel de luxo de Paris, com suítes com

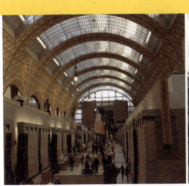

telefone e luz elétrica. Isso já em 1898. O escritor norte-americano Ernest Hemingway também morou lá, onde um dos bares traz o seu nome. O badalado restaurante **L'Espadon** recebe estudantes de gastronomia ávidos pelos ensinamentos da escola Ritz-Escoffier.

Auguste Escoffier foi um famoso *chef* que, em sociedade com o empresário do ramo de hotelaria, César Ritz, fundou o hotel. Durante a Segunda Guerra Mundial, o exército alemão tomou posse do estabelecimento e fincou ali o quartel de Luftwaffe. Em 1979, o negócio foi comprado pelo egípcio Mohamed Al-Fayed, pai de Dodi Al-Fayed. Em agosto de 1997, Dodi e lady Diana Spencer jantaram na suíte imperial do Ritz antes da perseguição dos *paparazzi* que terminou em acidente fatal. A cena inicial do filme *Diana*, de 2013, mostra a princesa interpretada por Naomi Watts deixando o quarto do hotel – suíte que, aliás, foi listada pelo governo francês como monumento nacional.

Ali, pertinho da praça, fica um restaurante muito charmoso e aconchegante: **Le Castiglione**. O filé ao *poivre* com purê de batatas é uma boa pedida. E não estranhe se uma cadelinha passar correndo entre as mesas. É Garry, mascote do café. Agora, voltemos à Rive Gauche.

O Museu do Louvre é bem maior, mais antigo e mais famoso, mas muita gente prefere o **Museu D'Orsay**. O prédio, na margem esquerda do rio Sena, era originalmente uma estação ferroviária, a Gare de Orsay, que ligava Paris à cidade de Orléans. Inaugurado em 1898, teve essa função até 1939, quando passou a ser uma simples estação suburbana. Fechado durante a Segunda Guerra Mundial, tornou-se um centro dos correios.

O museu tem foco no melhor da arte ocidental produzida entre 1848 a 1914 – os pintores impressionistas dão o tom. Lá estão obras de Cézanne, Degas, Manet, Monet e Renoir, além de esculturas de Rodin e Camille Claudel. Não abre às segundas, mas dê uma passada entre terça e domingo para ver de perto o relógio que aparece no filme *A invenção de Hugo Cabret*, dirigido por Martin Scorsese. Imperdíveis: o *Autorretrato*, de Van Gogh e *A ruiva*, de Toulouse-Lautrec. Se você preferir descer mais perto do museu, na Rive Gauche, a estação de metrô é a Solférino, na linha 12.

Soundtrack
Je Veux – Zaz

Serviço
Museu D'Orsay
62 rue de Lilli , 75343 Paris
www.musee-orsay.fr

The Hôtel Ritz
15 Place Vendôme, 75001 Paris
www.ritzparis.com

Le Castiglione
235 rue Saint Honoré, 75001 Paris
www.lecastiglione.com

112

VARENNE

DESÇA AQUI PARA:
MUSÉE RODIN

linha

SIM, É POSSÍVEL VER OBRAS DE *RODIN* ESPALHADAS POR outros museus da cidade, como o D'Orsay, mas nada se compara à coleção exposta desde 1919 no antigo Hôtel Biron. Quem assistiu ao filme *Meia--noite em Paris* deve se lembrar da cena em que Patrick Owen anda pelo jardim do museu com a noiva e ainda tem que aturar o pedante personagem de Michael Sheen, Paul Bates, querendo tirar onda de sabe-tudo. Em tempo: a guia da atração no longa de Woody Allen, Carla Bruni (ex-primeira dama na vida real), provavelmente não estará disponível no dia de sua visita.

A estação, que leva o nome da rua, vai te deixar bem pertinho do museu. Varenne foi inaugurada em 1923, apenas quatro anos depois de as obras de Rodin chegarem ao endereço. A mansão que abriga o museu foi construída em 1730 – ali morava o duque de Biron, daí o nome original do hotel. Em 1904 os artistas tomaram conta do espaço, transformando-o num grande

ateliê. Um deles foi Auguste Rodin. Após a morte do escultor, em 1917, nasceu ali o **Musée Rodin**, inaugurado oficialmente dois anos depois.

Rodin doou a sua coleção completa de quase trezentas obras para o Estado francês com a condição de que o prédio fosse transformado num museu dedicado ao seu trabalho. No pacote estavam ainda pinturas de Van Gogh, Monet, Renoir e esculturas de Camille Claudel. Lá se encontra a maioria das criações significativas do artista: *O pensador*, *O beijo* e *Porta do Inferno*. Muitas das esculturas ficam expostas ao ar livre no jardim do museu.

Aliás, é inevitável começar o passeio pelos jardins do *château*. Não só pelas famosas esculturas que vão aparecendo pelo caminho entre um canteiro e outro, mas pela beleza do lugar em si. O mais famoso dos trabalhos, claro, é *O pensador*. O original, de 1880, mede cerca de setenta centímetros e fica dentro do museu. A versão colossal de *O pensador* – que mede 1,86 metro e originalmente se chamou *O poeta* – é de 1904. A estátua procurava retratar Dante em frente aos Portões do Espaço Sideral e está nua porque a intenção de Rodin era criar uma figura heroica no melhor estilo Michelangelo.

Mas a obra que mais me impressionou foi *Porta do Inferno*. Feita em bronze, ela traz 180 figuras que variam de quinze centímetros a mais de um metro. Foi encomendada em 1880 como um conjunto de portais a ser instalado no Cour de Comptes, no Museu de Artes Decorativas de Paris. O próprio Rodin escolheu como tema *A divina comédia*, de Dante Alighieri.

O casal entrelaçado na escultura *O beijo*, que primeiro se chamou *Francisca de Rímini*, antes fazia parte da *Porta do Inferno*, mas foi destacado e depois substituído por um outro casal. Paolo e Francesca, os amantes da

obra, teriam sido inspirados pelo próprio Rodin e Camille Claudel, então assistente e amante do artista. O caso entre o mestre e a aprendiz foi conturbado e rendeu a Camille delírios amorosos que culminariam com sua internação em um manicômio, anos mais tarde.

Dois filmes contam a turbulenta relação que se arrastou por 15 anos. *Camille Claudel*, de 1988, dirigido por Bruno Nuytten, tem Isabelle Adjani no papel da jovem escultura, e, na pele de Rodin, Gérard Depardieu. *Camille Claudel 1915*, dirigido por Bruno Dumont, é mais novo, foi lançado em 2013, e traz Juliette Binoche vivendo Camille já na fase da loucura. Interpretando o irmão da artista, o famoso escritor Paul Claudel, está o ator Jean-Luc Vincent.

A entrada é barata, se comparada às dos outros museus. O espaço conta ainda com um charmoso café e, claro, uma butique. Na lojinha você pode comprar miniaturas das esculturas mais famosas por algumas centenas de euros, além de toda sorte de lembranças – por exemplo, um lápis com *O pensador* na ponta. *Think! Pensez!*

Soundtrack
L'hymne à l'amour – Édith Piaf

Serviço
Musée Rodin
79 rue de Varenne, 75007 Paris
www.musee-rodin.fr

VAVIN

> **DESÇA AQUI PARA:**
> LA COUPOLE, LA ROTONDE e LE RELAIS DE L'ENTRECÔTE

linha 4

QUANDO PERGUNTO A UM MÚSICO AMIGO MEU SE O SHOW foi bom, ele costuma dizer:

"Show é igual a comida francesa, até quando é ruim é bom."

O autor da frase é Billy Forghieri, tecladista da Blitz. E ele tem razão. Você dificilmente vai comer mal em Paris. Não por acaso, o termo gastronomia é de origem francesa, assim como a invenção do restaurante, nos idos do século XVIII, é parisiense. Até *croque monsieur* de quiosque de rua é gostoso. Crepe de Nutella com banana então, é covardia. Bistrôs e cafés, aqueles com mesinhas na rua? Tem um em cada esquina. Mas para não errar e pedir um *scallop* achando que é escalopinho, vá de massa ou se garanta no *entrecôte*, o famoso contrafilé com fritas.

Agora, se você quiser gastar um pouco mais e conhecer dois ou três restaurantes emblemáticos e cheios de história, a parada é Vavin. A estação, aberta em 1910, fica no coração de Montparnasse e abriga alguns clássicos gastronômicos da cidade luz. O mais famoso talvez seja o **La Coupole**, verdadeiro templo da *art déco*. Picasso expôs algumas de suas obras ali em 1951.

A casa abriu as portas em grande estilo no ano de 1927, já com uma clientela cheia de formadores de opinião: artistas, escritores e *socialites* em

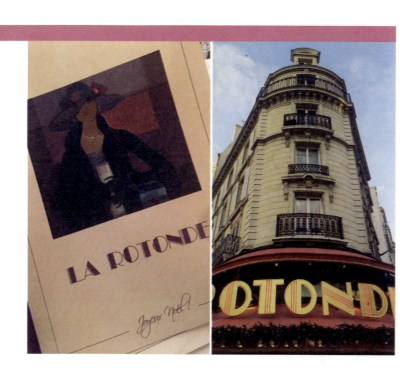

geral. A mesa 149, por exemplo, era a preferida de Jean-Paul Sartre. Édith Piaf sempre causava no pedaço, com suas mesas enormes e barulhentas. Uma foto de La Môme com Yves Montand enfeita as paredes do restaurante. Em novembro de 1995, o ex-presidente François Mitterrand fez sua última refeição na mesa 82: pediu cordeiro ao *curry*. E a lista de frequentadores famosos não tem fim: Ernest Hemingway, Marlene Dietrich e Ava Gardner eram assíduos. Patti Smith já tocou guitarra no terraço. E reza a lenda que, quando estão em Paris, Mick Jagger e Ronaldo "Fenômeno" costumam bater ponto.

117

O cardápio é variado. Entre os mais pedidos estão o *beef tartare* e o cordeiro de Mitterrand ou *indian lamb curry*, servido há quase cem anos por um indiano vestido a caráter. Ao provar um filé de salmão na *brasserie*, eu comi de joelhos – inesquecível. Quando chega a hora da sobremesa, sempre fico em dúvida entre essas três: *crème brûlée*, *profiteroles* ou *vanilla millefeuille*, o tradicional mil-folhas de baunilha. Michel Platini, camisa 10 da seleção francesa nas copas de 1982 e 1986, escreveu no *guest book*:

"Noventa minutos de felicidade. Fora a prorrogação."

Praticamente em frente fica o **La Rotonde**, aberto em 1911 e tão bem frequentado quanto o outro. Atores e diretores de cinema adoram o lugar, até porque a região é bem servida de cinemas e teatros de rua. Os pintores também: Picasso era cliente, Modigliani, idem. As entradas e sobremesas mandam no menu; meu prato principal de sempre é o *côte de bœuf, frites, sauce béarnaise*. Em bom português, bife com batata frita. Quando quero variar, peço o salmão com purê de aipo. Não sabe se pede um docinho ou café pra finalizar? O *café gourmand* resolve esse

dilema: são miniaturas das sobremesas da casa acompanhadas de um cafezinho *espresso*.

E ao lado fica o **Le Relais de l'Entrecôte**, um bistrô elegante, sofisticado e, claro, especializado em... *entrecôte*. Inaugurado em 1959, tem mais duas unidades espalhadas pela cidade, em Marbeuf e St-Benoît. Assim como as versões brasileiras, *l'entrecôte d'Olivier* e *l'entrecôte de Paris*, o prato é único: aquele *entrecôte* regado a um misterioso molho acompanhado de batatas fritas. No mais, é saladinha na entrada e sobremesa depois. Agora, me diz, precisa de mais?

Antes ou depois da comilança, um cineminha cai bem. O **Les 7 Parnassiens** é vizinho aos restaurantes e a programação é ótima. Outra opção nas redondezas é o **UGC Montparnasse**, o primeiro multiplex do bairro.

Soundtrack
La bohème – Charles Aznavour

Serviço
La Coupole
102 Boulevard du Montparnasse,
75014 Paris
www.lacoupole-paris.com/en

La Rotonde
105 Boulevard Montparnasse,
75006 Paris
www.rotondemontparnasse.com

Le Relais de l'Entrecôte
101 Boulevard du Montparnasse,
75006 Paris
www.relaisentrecote.fr

VERSAILLES

DESÇA AQUI PARA: CHÂTEAU DE VERSAILLES e INTEGRAÇÃO METRÔ-RER

acesso por Rive Gauche, Chantiers ou Rive Droite

PRECISO ESCLARECER UM PONTO LOGO DE CARA PARA EVI-
tar confusão: *não existe uma estação de metrô chamada Versailles*, mas

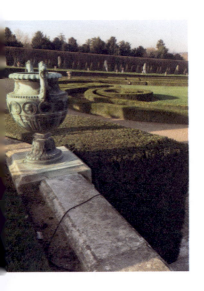

resolvi colocar o refúgio de Maria Antonieta no guia por ser o mais famoso e visitado destino nos arredores da capital francesa – recebe, em média, oito milhões de turistas por ano. O acesso se dá por RER C, aquelas linhas expressas que ligam Paris aos subúrbios, ou pelos trens da SNCF, a Companhia Ferroviária Nacional da França.

E, claro, você chega a ambos os sistemas usando o metrô. Os trens da SNCF fazem o trajeto Paris Montparnasse-Versailles Chantiers ou Saint Lazare-Versailles Rive Droite. Quando visito o **Château**, prefiro ir de metrô até a estação Invalides, por exemplo, e pegar o RER C dali para Versailles-Rive Gauche utilizando um bilhete normal. Na volta, basta comprar o tíquete Paris-Rive Gauche na estação e descer no metrô outra vez, no esquema integração. Não se preocupe; na prática, é bem mais simples e intuitivo do que parece. Feita a introdução, vamos à história. A partir de agora vou adotar Versalhes no texto, *ça va*?

Nos idos de 1660, a situação na capital francesa não estava nada fácil. Era guerra civil, oposição comendo solta, ruas apinhadas de gente, doenças se espalhando e tudo o mais. Para fugir do tumulto e das cobranças do povo, a família real se mudou para uma zona até então rural. Em 1664,

Luís XIV começa a construir o **Palácio de Versalhes**, obra concluída quase vinte anos depois, em 1682. E que obra: o *château* possui mais de duas mil janelas, 67 escadas, 352 chaminés, uns setecentos quartos, milhares de lareiras e setecentos hectares de parque. A área verde, aliás, merece registro especial. O que mais tem em Versalhes é parque e jardim – são mais de dez arvoredos anexos ao prédio principal. E como a fila faz jus ao tamanho do lugar, a dica é comprar o ingresso que dá acesso às dependências com antecedência, no site oficial ou em algum ponto de vendas, como a Fnac.

Passando a Fonte de Apollo, surge outro parque gigantesco, com o **Grand Canal** bem no meio. Olhando de cima, ao lado, fica o **Grand Trianon**, um palácio adjacente todo feito em mármore. Mais à direita está o **Petit Trianon**, construído em 1768 por Luís XV para sua amante, a madame de Pompadour, que nem chegou a usufruir do presente – foi outra concubina do rei, madame du Barry, quem teve a honra de inaugurar os aposentos. Com a chegada de Luís XV ao trono, entra em cena a personagem mais interessante e controversa do pedaço: Marie Antoinette Josèphe Jeanne de Habsbourg-Lorraine.

Maria Antonieta foi arquiduquesa da Áustria e rainha consorte de França e Navarra. Usada para aproximar os dois países, acabou se casando aos 14 anos com o jovem Luís Augusto, futuro rei. Ela era detestada pelo povo francês, tinha fama de gastadora e promíscua, além de puxar a sardinha para o país natal. Em Versalhes, além do pequeno palácio, os "Domínios da Rainha" incluíam jardins e pavilhão de festas, ambos exclusivos. Nem mesmo seu marido, o rei Luís XVI, podia entrar sem a sua permissão. Entre os convidados, apenas uma elite selecionada pela própria Antonieta. Quem não estivesse na lista VIP não podia nem passar perto – ela não aceitava sequer que plebeus trabalhassem próximo à sua área privativa. Rainha do

camarote total, certo? Para conhecer essa parte do complexo sem precisar bater muita perna, existe um trenzinho pago à parte que faz três paradas; você pode descer de um e subir em outro se pretender explorar com calma as locações e caprichar nas fotos.

Com a Revolução Francesa e a queda da Bastilha, em 1789, acabou-se o que era doce. A monarquia foi deposta e a família real tentou fugir para Varennes, mas o plano falhou. Em 1792, no retorno a Paris, Luís XVI e Maria Antonieta foram presos e, num intervalo de nove meses entre um e outro, guilhotinados onde hoje fica a praça da Concórdia.

A rainha virou um ícone pop, e, até hoje, divide opiniões e ganha todas as atenções. Foi tema de livro, música, filme. E o **Château de Versailles** é patrimônio mundial da Unesco desde 1979. Pelo conjunto da obra, vale a visita.

Soundtrack
Revoir Paris – Charles Trenet

Serviço
Château de Versailles
Place d'Armes, 78000 Versailles
www.en.chateauversailles.fr